FELICIDADE CORPORATIVA

Vinicius Kitahara

FELICIDADE CORPORATIVA

Como conciliar bem-estar e lucro

PORTFOLIO
PENGUIN

A Portfolio-Penguin é uma divisão da Editora Schwarcz S.A.

PORTFOLIO and the pictorial representation of the javelin thrower are trademarks of Penguin Group (USA) Inc. and are used under license. PENGUIN is a trademark of Penguin Books Limited and is used under license.

Grafia atualizada segundo o Acordo Ortográfico da Língua Portuguesa de 1990, que entrou em vigor no Brasil em 2009.

REDAÇÃO Alexandre Teixeira
CAPA E IMAGEM P. 204 Thiago Lacaz
PREPARAÇÃO Erika Sá
REVISÃO Carmen T. S. Costa e Clara Diament

Dados Internacionais de Catalogação na Publicação (CIP)
(Câmara Brasileira do Livro, SP, Brasil)

Kitahara, Vinicius
Felicidade corporativa : Como conciliar bem-estar e lucro / Vinicius Kitahara. — 1ª ed. — São Paulo : Portfolio-Penguin, 2025.

ISBN 978-65-5424-049-9

1. Ambiente de trabalho 2. Desenvolvimento organizacional 3. Felicidade 4. Liderança 5. Motivação no trabalho 6. Sucesso nos negócios I. Título.

25-282138 CDD-650.1

Índice para catálogo sistemático:
1. Felicidade no trabalho : Administração 650.1

Cibele Maria Dias – Bibliotecária – CRB-8/9427

EDITORA SCHWARCZ S.A.
Rua Bandeira Paulista, 702, cj. 32
04532-002 — São Paulo — SP
Telefone (11) 3707-3500
www.portfolio-penguin.com.br
atendimentoaoleitor@portfoliopenguin.com.br

Dedico esta obra ao meu avô Francisco, à minha avó Cecília, à minha família, aos meus amigos e a todos que acreditaram que um dia a felicidade corporativa poderia se tornar uma realidade

SUMÁRIO

PREFÁCIO

Felicidade de segunda a segunda

POR QUE ACEITAMOS COMO NORMAL que o trabalho, que ocupa a maior parte do nosso tempo, seja apenas algo a ser tolerado até a chegada do próximo fim de semana? Por que o padrão da maior parte dos profissionais é considerar a segunda-feira um dia ruim, diferentemente da sexta-feira, que é recebida com entusiasmo?

A razão para isso está na forma como o mundo corporativo sempre funcionou. Durante décadas, a felicidade foi tratada como um valor externo ao ambiente profissional — uma recompensa a ser buscada fora do expediente, nos momentos de lazer, nas férias, na aposentadoria. Criamos uma falsa dicotomia entre ser profissional e ser feliz, como se uma coisa excluísse a outra. Medimos produtividade, eficiência, resultados financeiros, *market share* — mas raramente há interesse em saber se as pessoas estão de fato felizes.

A consequência disso é que fantasiamos a felicidade, como se ela estivesse fora do nosso alcance na maior parte do tempo. Já ouvi de algumas pessoas que ser feliz é um estado muito pessoal e impossível de ser buscado o tempo todo. Discordo totalmente. Não dá para ser feliz a todo momento, mas dá para buscar a felicidade constantemente.

Uma barreira que atrapalha a disseminação do tema nas empresas é o fato de ele não fazer parte da agenda corporativa. E isso precisa mudar.

Por quê? Porque é impossível, nos dias de hoje, separar vida pessoal de vida profissional, principalmente depois da pandemia. O trabalho invadiu a casa e a casa invadiu o trabalho. Tirar o crachá ao fim do dia já não basta; até porque, na maioria das vezes, não chegamos e saímos do trabalho: nós simplesmente estamos ou não estamos trabalhando. Sem separações tão rígidas entre o trabalho e a vida privada, é preciso mais do que nunca ter a coragem de desmistificar o tema da felicidade. Precisamos torná-la real, possível e acessível.

Esse tema sempre foi caro para mim. Tive condições de eleger a felicidade, desde cedo, como o meu critério principal para decisões de carreira. Ao longo de minha trajetória, mudei cinco vezes de empresa — não por causa de dinheiro, status ou mesmo cargo, mas porque queria ser feliz. Sempre busquei a felicidade como caminho de vida, e cada mudança que fiz foi guiada por essa bússola interna que me dizia: aqui não é mais um lugar onde posso alcançar a felicidade.

Meu propósito como líder, aliás, é que as pessoas que lidero sejam mais felizes enquanto trabalham comigo do que em qualquer outro momento da carreira. Tento sempre deixar uma marca de energia positiva e de felicidade. Dentro das empresas, isso é mais profundo e traz resultados mais valiosos no longo prazo do que um bônus, uma viagem internacional ou um curso no exterior.

Do ponto de vista dos negócios, passei a dar mais atenção a esse tema em 2021, quando fiz um curso de liderança na Universidade de Miami. Foi lá que ouvi: “Gerentes trabalham com KPIs (Key Performance Indicators, indicadores-chave de desempenho); líderes, com KHIs (Key Happiness Indicators, indicadores-chave de felicidade)”. Ninguém está dizendo que temos que ser uma coisa ou outra — nós temos que ser os dois. Quem quer liderar, no entanto, precisa falar de felicidade.

Apesar de criar ações para fomentar um ambiente de trabalho feliz na Heineken Brasil, após o curso percebi que me faltava a metodologia. Foi nessa busca que conheci o Vinicius Kitahara. Ele entrou na nossa jornada trazendo pragmatismo e uma maneira de espalhar o tema da felicidade de forma mais acelerada dentro da organização. Vinicius sempre me encorajou, repetindo que a Heineken Brasil poderia se tornar a empresa mais reconhecida no mundo por trabalhar o tema da felicidade corporativa. Ele me ajudou a entender também que essa jornada tem que fazer parte do caminho estratégico. Não dá para fazer primeiro a estratégia e depois olhar para a questão da felicidade — tem que ter as duas juntas. A maior dor de uma organização não é não entregar o resultado — é entregar o resultado com pessoas infelizes. Essa dor só vai ser sentida no médio e no longo prazos, e, quando isso acontecer, não será mais possível resolver.

Com o apoio do Vinicius formamos os "embaixadores da felicidade" — profissionais de várias áreas da empresa que estimulavam conversas sobre o tema e que formariam a estrutura fundamental para disseminar a mensagem da felicidade em uma organização com mais de 14 mil pessoas. Hoje temos 1400 embaixadores na Heineken Brasil. Além disso, criamos uma diretoria que mede quinzenalmente a felicidade do time com um sistema de feedback que já recebeu mais de mil comentários em apenas três meses, mostrando o grande engajamento das pessoas com o tema. Também criamos noventa laboratórios de felicidade para entender por que uma área específica está menos feliz que outra e descobrir como e a partir de quais pontos podemos melhorar.

Mesmo em um cenário macroeconômico desafiador, com alta do dólar e custos elevados que afetaram todo o setor, a Heineken Brasil obteve, nos últimos três anos, os melhores resultados de sua operação. Enquanto concorrentes perdiam participação de mercado e lucratividade, nós crescemos consistentemente. O ano de 2022 foi bom, 2023 foi maravilhoso, 2024 foi melhor que 2023. Todos os indicadores melhoraram: lucro, *market share*, *turnover*, clima organizacional, diversidade, inclusão e reputação no mercado. E não estamos jogando num mercado fácil: nosso maior concorrente tem quase o dobro do nosso tamanho.

Por que conseguimos esses resultados? Porque entendemos que quem faz a estratégia da marca são pessoas. Quem comunica são pessoas. Quem melhora nossa competitividade e produtividade são pessoas. Quem cuida das pessoas são os líderes, e quem cuida dos líderes somos nós. No nosso caso, o "como" vem antes do "o quê". Trabalhar políticas de segurança psicológica, ambiente seguro, qualidade de vida, vitalidade e propósito faz parte do nosso programa de Felicidade Corporativa. E esse é um esforço que não acaba nunca. A busca da felicidade é uma jornada, não um destino. O que nos faz felizes hoje pode não ser o que nos fará felizes amanhã.

Nosso trabalho vai ser ainda mais bem-sucedido quando deixarmos de ser CEOs isolados e levarmos o tema da felicidade para a agenda corporativa. Acredito que muitos líderes evitam falar a respeito por medo do desconhecido. O receio de parecer fraco ou sentimental faz com que muitos executivos se escondam atrás de planilhas e indicadores financeiros, ignorando que são as pessoas — e sua felicidade — que verdadeiramente impulsionam esses números. É preciso coragem para admitir que não sabemos tudo sobre o assunto e ainda mais coragem para colocá-lo no centro da estratégia empresarial.

Quando um CEO fala sobre felicidade, a mensagem ganha um peso diferente, se torna um compromisso estratégico da alta liderança. É por isso que precisamos de mais CEOs dispostos a pôr sua credibilidade a serviço desse tema.

O primeiro passo para quem quer começar essa jornada é conhecer exemplos concretos que mostrem como implementar a felicidade de forma pragmática nas organizações. Por isso este livro é tão importante. Ele traz referências reais e tangíveis de empresas brasileiras que colocaram a felicidade no centro de sua estratégia. São estudos de caso de grandes companhias como Heineken, Renner, Suzano e Vale, e que mostram caminhos possíveis. Esta obra apresenta a felicidade corporativa com nome e sobrenome, metodologia e resultados comprovados. É um ecossistema único que está sendo construído no Brasil e que pode servir de inspiração para organizações em todo o mundo.

Felicidade corporativa é um livro excelente para todos os profissionais que buscam ser mais felizes no trabalho. Mas é obrigatório para líderes que querem entender como fazer seus times mais felizes e que acreditam ser possível melhorar o resultado através das pessoas. Que ele nos estimule a buscar a nossa felicidade de segunda a segunda.

Mauricio Giamellaro
CEO da Heineken Brasil

INTRODUÇÃO

A mente que se abre a uma nova ideia jamais voltará ao seu tamanho original.

Albert Einstein

SE VOCÊ PRECISASSE NOMEAR UMA EMPRESA como referência global em felicidade e performance, qual lhe viria à mente? Imagino que seja difícil pensar em alguma. A verdade é que é fácil se lembrar de companhias com alto desempenho em termos de resultados financeiros: faturam bilhões e são mundialmente reconhecidas pela eficácia em gerar dividendos. Porém, quando juntamos felicidade e performance na mesma frase, é uma tela em branco que vem à mente — ou aquela azul que visualizamos quando o computador trava. Um vazio. Você percebe que essa cadeira está vaga.

Fiz essa mesma pergunta em inúmeras empresas na última década. E me lembro do silêncio que ela provocou na convenção nacional da Heineken em 2023. Da empolgação dos quatrocentos líderes ali reunidos quando vislumbraram a oportunidade de ocupar essa cadeira. Do projeto virando realidade quando a empresa criou uma diretoria de Felicidade e levou a operação global a fazer *benchmark* de felicidade no Brasil.

Do mesmo modo, se a Deloitte global tem como um de seus valores o mote "*take care of each other*" ("tomem conta uns dos outros"), é graças a uma contribuição do Brasil. Como veremos adiante, nesse movimento rumo à felicidade corporativa, temos a oportunidade de exportar uma nova forma de gestão: uma gestão que concilie felicidade e performance. É hora, portanto, de pôr a mão na massa. As páginas a seguir foram escritas para você que gostaria de ter um livro de referência sobre esse movimento mundial. Elas discutirão a ciência da felicidade e como trabalhar esse tema (a teoria e o método), além de trazer casos reais em grandes organizações. A felicidade corporativa é, na minha visão, mais um passo na evolução da administração de empresas.

Neste livro, portanto, você conhecerá as histórias de companhias de diferentes setores e portes que vêm trabalhando o tema, os resultados obtidos por elas e os desafios dos executivos e executivas à frente dessas iniciativas. No processo, destrincharemos ações realizadas e lições aprendidas — indicando que é possível implantar programas de Felicidade Corporativa nos mais variados contextos organizacionais. O objetivo principal deste livro é construir, a partir do contato com a experiência concreta de cada caso, um repertório de estratégias, experimentos e práticas que facilitem a criação e a implantação de programas do tipo. Nas próximas páginas, você, leitor — profissional, líder, RH ou CEO —, vai:

- Compreender os conceitos centrais da felicidade corporativa que fundamentam as práticas e projetos na área;
- Identificar a crescente importância da felicidade corporativa e do bem-estar entre as práticas organizacionais;
- Conhecer casos de empresas de diferentes perfis que implantaram iniciativas voltadas à felicidade corporativa e à elevação do bem-estar de seus colaboradores, compreendendo seus desafios, a base de sustentação para a realização desses programas, e seus principais resultados e lições aprendidas;
- Aprender a mapear estratégias, experimentos e recursos para lidar com os desafios da implantação de programas de Felicidade Corporativa e de bem-estar;
- Conhecer alguns resultados e algumas métricas utilizadas nesse tipo de programa.

No modo mais subjetivo, felicidade corporativa é trabalhar para que as pessoas estejam bem, desejem estar no trabalho, que nele encontrem significado. Ter muitas opções profissionais lhe dá oportunidade de escolher. Querer estar em um trabalho é a situação ideal. Já no âmbito mais corporativo, promover a felicidade dos colaboradores é uma poderosa ferramenta para mitigar e prevenir o burnout, engajar e fortalecer vínculos, reduzir o absenteísmo e promover a retenção dos talentos na organização.

Cria, ao se incorporar à cultura da organização, um ambiente saudável, no qual se tem segurança psicológica e pessoas saudáveis, contribuindo para a sustentabilidade do negócio. Ao levar as ações de felicidade corporativa para sua organização, você possibilita o estabelecimento de relações e rotinas saudáveis, em clima leve, e fomenta a atuação mais humana da liderança. Alcançar esses resultados não vem sem o enfrentamento de desafios e resistências. Daí meu mantra: "Felicidade tem que estar na agenda. Se não estiver, não tem resultado".

Receitas bem-sucedidas de felicidade corporativa

Este livro começa com minha jornada pessoal: vivi três situações de quase morte que me levaram a uma nova missão de vida. A de juntar trabalho e felicidade num único conceito: felicidade corporativa. Da escola que criei para ensinar profissionais à consultoria que fundei para auxiliar empresas dispostas a seguir esse caminho, impactei positivamente a vida de mais de 100 mil profissionais.

Logo no primeiro capítulo teremos uma introdução à ciência da felicidade, passando por algumas das principais pesquisas sobre o tema em algumas das universidades de maior prestígio no mundo, incluindo o mais longo estudo sobre felicidade em curso no planeta, conduzido por pesquisadores de Harvard. Apresento ali os quatro pilares da felicidade corporativa, tais como os concebi, e o conceito de PERMA, do psicólogo norte-americano Martin Seligman, conhecido como o pai da psicologia positiva. Esses são alguns dos insumos fundamentais utilizados nos programas que tenho implementado em empresas ao longo dos últimos quinze anos, desde que decidi empreender com foco na felicidade corporativa: esse é o tema do capítulo 2. É onde conto sobre o início da minha carreira e a importância de ter um mentor como eu tive, sobre os meus primeiros clientes e como fui desenvolvendo um modelo baseado em ciência; por fim, trago casos reais de sucesso, que nos permitem compreender em detalhes os diversos componentes das receitas bem-sucedidas de felicidade corporativa.

Criar uma diretoria de Felicidade é uma decisão que exige coragem e traz resultados, como veremos no capítulo 3, onde narro a primeira parte do case da Heineken. Liderada por Lívia Azevedo, a área de Felicidade Corporativa da empresa demonstrou que com uma pequena estrutura é possível provocar grandes impactos. Se pusermos uma lente de aumento sobre essa história, poderemos entender a importância das métricas de felicidade e aprender a lidar com pessoas céticas. Há boas práticas que podem ser replicadas, mas aqui cabe um alerta: o engajamento da alta liderança é condição necessária, incontornável, para o sucesso de um programa de Felicidade Corporativa. A história de sucesso da Heineken, ao combinar felicidade e performance, não seria possível sem a liderança de Mauricio Giamellaro, CEO da operação brasileira. Foram dele as decisões de colocar a felicidade no centro da estratégia de negócios da cervejaria, de criar uma diretoria de Felicidade e de instituir métricas para monitorar os impactos.

Felizmente, a Heineken não está sozinha. Ao longo do livro, você encontrará depoimentos de outros CEOs que tiveram a coragem de pôr o tema na agenda de suas companhias: André Felicíssimo, da P&G; José Galló, da Renner; Altair Rossato, da Deloitte; e Douglas Pina, da Edenred. Suas abordagens são diferentes e seus estilos e motivações, distintos, mas todos personificam o conceito de liderança humanizada. Emprestam um rosto à ideia de que é possível conciliar bem-estar e lucro, segurança psicológica e trabalho duro. Se o exemplo vem de cima, temos muito o que aprender com eles.

Há pelo menos dois traços comuns a esses CEOs (e a muitos outros engajados no movimento da felicidade corporativa). Um é a determinação de viabilizar, internamente, terrenos férteis para o florescimento de relações de qualidade e confiança. O poder dos bons relacionamentos é fundamental nessa agenda, como veremos no capítulo 4. Outra característica em comum é a atenção a detalhes que, observados de maneira menos intencional, podem parecer insignificantes — mas, agregados, fazem toda a diferença. Alguns exemplos: as brincadeiras que Felicíssimo nunca deixou de fazer em todas as instâncias da P&G, embora ao longo de sua carreira tenha recebido feedbacks negativos por seu estilo informal; a autorização dada por Galló a funcionários das lojas Renner para usar dinheiro do caixa se fosse necessária uma ação emergencial para encantar um cliente; os mais de cem e-mails enviados por Rossato aos 7 mil profissionais da Deloitte durante a pandemia, compartilhando informações, preocupações e oferecendo apoio; e as mensagens privadas que Pina envia quando percebe que alguém não parece estar bem numa videochamada: "Precisa de alguma coisa?". Catalogar essas pequenas e grandes ações, os micro e macroacontecimentos que nos deixam felizes, é a receita para chegar a cem itens na Lista da Felicidade, que você conhecerá melhor no capítulo 5.

Para aprofundar conceitos e práticas de liderança humanizada, o capítulo 6 destrinchará os cases do Banco BV e da FESA. No capítulo 7, mostrarei como a Renner e o Google estão colocando a noção de felicidade em prática. Você vai perceber como a teoria se transforma em prática no dia a dia, como os conceitos se materializam. Quão bem você acha que conhece as pessoas do seu time? Em qual das cinco linguagens do amor cada uma delas prefere receber reconhecimento? Alta performance implica, entre muitas outras coisas, tempo para recuperação, descanso para recarregar as baterias. É valioso, então, conhecer ferramentas como a matriz energia versus emoção.

No capítulo 8, estudaremos outro componente crítico desse case de sucesso: o que defino como embaixadores da felicidade. Sim, eles existem e estão se multiplicando rapidamente dentro das companhias. Aqui você vai aprender como eles e elas são formados — em todos os níveis hierárquicos e áreas da empresa — e como podem engajar as pessoas à sua volta. Spoiler: mais engajamento leva a um *turnover* menor, o que melhora os resultados financeiros no longo prazo.

Em certas companhias, há embaixadores no topo da pirâmide organizacional. É o caso da Suzano (capítulo 9), onde até quem ocupa a cadeira de CFO, o líder dos números, abraçou genuinamente a pauta da felicidade corporativa. Na Deloitte (capítulo 10), um sócio levou tão a sério meu conselho para tomar um café com alguns membros de sua equipe que marcou quarenta desses encontros — e passou quase um ano dedicado a conhecer melhor cada um de seus subordinados. Na Vale (capítulo 11), o movimento pró-bem-estar começou num team building da área de remuneração e performance num haras no Rio de Janeiro e, em menos de um ano, chegou à Estrada de Ferro Carajás, no Norte do país. Na ponta das operações, pequenos confortos mudam a experiência profissional de quem trabalha longe das salas climatizadas dos centros urbanos. Esses exemplos mostrarão que resolver problemas gera felicidade.

A felicidade corporativa não depende do setor nem do porte da organização. Há capítulos dedicados aos cases da Chilli Beans, maior marca de óculos e acessórios da América Latina; da Edenred, cuja área de soluções para mobilidade criou um "Felicitômetro"; e da AMFernandes, uma incorporadora do ABC paulista. Dessa última, é possível tirar lições de sustentabilidade e propósito, que nos ajudam a refletir sobre a necessidade de conciliar a felicidade da porta para dentro com o impacto positivo da porta para fora.

Na parte final deste livro, reuni conceitos, práticas e reflexões facilmente aplicáveis no cotidiano. Por exemplo, sucesso traz felicidade? Ou é o contrário? Você vai encontrar a resposta no capítulo 15. Como criar uma cultura positiva de felicidade? Um bom começo é levar a gratidão para o ambiente de trabalho — explico o conceito no capítulo 16 e como colocar em prática (o exercício das Cartas de Agradecimento) no capítulo 17.

Meu desejo é que, ao fim da leitura, você tenha adquirido ideias, ferramentas e repertório para se juntar ao movimento da felicidade corporativa, seja como líder ou embaixador, no topo ou na base da pirâmide, mas sempre com os olhos brilhando diante da oportunidade de ocupar aquela cadeira tão cobiçada: referência em felicidade e performance.

Antes, porém, quero contar como tudo começou.

1
Trabalho e felicidade

100% dos clientes são pessoas.
100% dos colaboradores são pessoas.
Se você não entende de pessoas,
você não entende de negócios.

Simon Sinek

UMA DÉCADA E MEIA ATRÁS, passei por três situações de quase morte, em três anos seguidos: 2008, 2009 e 2010. No primeiro episódio, meu pai passou a mão no pescoço, sentiu uma bolinha e descobriu que estava com câncer. Fez quimioterapia e radioterapia. Foi muito difícil. No ano seguinte, 2009, minha mãe estava andando na rua e, do nada, desmaiou. Nós a levamos ao médico, ela fez uma bateria de exames e foi diagnosticada com lúpus, uma doença autoimune que não tem cura. E, em 2010, eu quase morri num assalto. Estava na casa da minha namorada na época, hoje minha esposa, Carol, quando três assaltantes entraram armados.

Ficamos reféns durante três horas. Houve um momento específico em que achei que ia morrer — nunca tinha passado por nada parecido. Um dos assaltantes entrou no quarto, nos apontou a arma e disse: "Perdeu, vou matar todo mundo". Nesse momento, passou um filme na minha cabeça: da minha história, da minha trajetória, das minhas escolhas. No fim desse filme, veio um questionamento muito forte: "E se eu morrer agora, valeu a pena? Era isso que eu queria ter vivido?". Em 2010, minha resposta era: "Não. Não valeu a pena. Eu não dei todo o amor que tinha que dar para as pessoas que amo. Não usei o máximo do meu potencial". Entendi que não estava feliz. Depois desses três eventos, senti um chacoalhão, o chamado, a tal *wake-up call*. Graças a Deus tivemos sorte. Meu pai tratou o câncer e está bem. Lúpus não tem cura, então minha mãe tem altos e baixos, mas está se tratando, perto da gente. E eu e minha esposa saímos com vida do assalto.

Lembro que durante o episódio rezei muito por uma segunda chance. Jurei que se tivesse uma nova oportunidade de viver iria fazer diferente. Hoje posso dizer que, quando temos uma segunda chance, devemos agarrá-la com unhas e dentes. Decidi fazer cada segundo valer a pena, e então me veio um questionamento importante: e se hoje fosse meu último dia, teria valido a pena?

Quando você reflete dessa maneira, começa a pensar nos seus objetivos. Todo mundo tem as suas metas, e, quando vamos aprofundando essa busca pelo que importa de verdade, nos damos conta de que existe um objetivo final e comum a todos nós, que é a tal da felicidade.

Comecei a ter alguns insights. Primeiro: concluí que nunca tinha priorizado minha felicidade. É comum cometermos um erro que é pensar: "Vou ser feliz quando me aposentar" ou "Vou ser feliz quando tiver todo o dinheiro do mundo". Quando você quase morre ou quase perde as pessoas mais importantes da sua vida, se dá conta de que pode não ter diante de si os próximos trinta ou quarenta anos. E quando percebe que as pessoas que mais ama poderão não estar mais por aqui, surge um senso de urgência para priorizar o principal objetivo da vida, que é a felicidade.

Àquela altura, eu estava terminando a faculdade, no Insper, uma escola focada em finanças, onde muita gente entra com o objetivo de trabalhar em banco de investimento ou consultoria. Meu sonho em 2010 era ficar rico o mais rápido possível. Depois de passar por essas experiências de quase morte, percebi que o caminho não era aquele. Foi quando comecei a estudar sobre a felicidade.

Li um livro, dois livros, cinco livros, dez livros. O primeiro foi *O jeito Harvard de ser feliz*, de Shawn Achor, escritor norte-americano que ficou conhecido por sua defesa da psicologia positiva. Foi importante para eu começar meus estudos sobre a busca científica da felicidade. Outro livro que me influenciou foi *A lição final*, de Randy Pausch. Ele era professor de ciência da computação na Carnegie Mellon University, em Pittsburgh, quando recebeu um diagnóstico de câncer terminal e decidiu dar a última palestra que dá título ao livro. Nela, Pausch recapitula os aprendizados de sua vida. Ao refletir sobre o que lhe era realmente importante, ele decide dar aulas até o fim. Fazer o que amava. Aquilo foi muito marcante para mim. Nessa jornada de leituras, conheci *A ciência da felicidade*, de Luiz Gaziri, *Felicidade S.A.*, de Alexandre Teixeira, e *Felicidade dá lucro*,* de Márcio Fernandes. Mais recentemente, quando comecei a me aprofundar, vieram os livros de Tal Ben-Shahar, Sonja Lyubomirsky, Barbara Fredrickson, Arthur Brooks, Martin Seligman, Kasley Killam e Robert Waldinger.

Introdução à ciência da felicidade

Descobri, assim, a existência de uma ciência da felicidade, alimentada por inúmeras pesquisas realizadas em diversas universidades espalhadas pelo mundo. Quinze anos depois, a felicidade está na pauta de muitas organizações e das escolas de negócio. O foco hoje é criar ambientes com segurança psicológica, bons relacionamentos, saúde mental e liderança humanizada, de modo a contribuir para evitar afastamentos, reduzir o *turnover*, manter a produtividade alta e o clima positivo. Com os avanços da ciência da felicidade, o mundo corporativo vem percebendo que colaboradores satisfeitos produzem melhor.

Quando se fala em felicidade é preciso promover uma ruptura no pensamento tradicional. Se tenho uma liderança que pensa exclusivamente em lucratividade, eficiência e corte de custos, ela não olha para desenvolvimento, investimento em cultura, em pessoas, em ambientes de confiança — que servem como um antídoto contra a ansiedade e o estresse. E a ruptura está justamente aqui: esses não são objetivos concorrentes. Não se deve perseguir apenas um *ou* outro. Deve-se buscar um *e* outro. O trabalho nunca teve a felicidade como prioridade. Hoje

---

* *Felicidade dá lucro: Lições de um dos líderes empresariais mais admirados do Brasil*, de Márcio Fernandes. São Paulo: Portfolio-Penguin, 2015, 256 pp.

há uma janela de oportunidade para atacar esse problema. E grandes lideranças entenderam que é importante.

Empresas estão assumindo parte da responsabilidade sobre o bem-estar de seus funcionários para além da compensação financeira e dos benefícios.[1] A nova ideia de felicidade tem a ver com ambiente de segurança emocional e psicológica e bons relacionamentos — além de esquemas de trabalho menos opressores, que reduzem drasticamente a rotatividade de funcionários. E é exatamente o que testemunho ao realizar consultorias para empresas como Heineken, Vale, Chilli Beans, Deloitte, Suzano, Renner, BV e Google. As organizações não podem perder seus talentos. Recontratar é muito caro.

Meu objetivo como consultor não é converter empresas infelizes em companhias que valorizam o bem-estar e a felicidade. Meu objetivo é encontrar clientes que acreditam na felicidade, para que possamos potencializá-la. É encontrar lideranças que querem levar a ideia de felicidade corporativa para dentro das companhias. Os cases que deram certo são de empresas que acreditam nisso e valorizam essa pauta.

Em janeiro de 2022, a Organização Mundial da Saúde definiu o burnout como uma doença ocupacional, em razão do aumento de casos durante a pandemia. No Brasil, dados de 2019 já mostravam que 32% da população economicamente ativa sofria com o problema, segundo a ISMA-BR, subsidiária brasileira da International Stress Management Association (Associação Internacional de Gestão do Estresse). Um estudo da consultoria de gestão de pessoas Mindsight com 1600 profissionais mostrou que nove entre dez brasileiros acreditam que a síndrome de burnout está diretamente relacionada a modelos de liderança que não se preocupam com a sobrecarga de tarefas de seus funcionários. Virar esse jogo começa com um pequeno passo: aprender mais sobre a ciência da felicidade, identificando as práticas e os hábitos que podemos cultivar para elevar nosso nível de felicidade.

Precisamos ter em mente, porém, que o conceito de felicidade é um grande guarda-chuva e tem diversas vertentes: felicidade espiritual, felicidade acadêmica, felicidade de curtir a vida, felicidade material e tantas outras. Neste livro, estamos focados na felicidade corporativa, aquele obtida durante o horário de trabalho, e não fora. E com uma linguagem específica para um público que trabalha em empresas, persegue metas, lida com números. Cujos olhos brilham ao saber, por exemplo, que numa metanálise abrangente de 225 estudos acadêmicos Sonja Lyubomirsky, Laura King e Ed Diener descobriram que funcionários felizes têm, em média, uma produtividade 31% superior; suas vendas são 37% maiores; sua criatividade é três vezes maior.[2]

Podemos dividir essa felicidade corporativa em quatro pilares:

1. Felicidade do indivíduo;
2. Felicidade do time;
3. Felicidade da empresa;
4. Felicidade do cliente.

Faz sentido, portanto, começar a jornada melhorando a satisfação do indivíduo com a vida. Muita gente ainda acredita que primeiro vai ter sucesso para depois ser feliz, afirma Shawn Achor. Entretanto, em *O jeito Harvard de ser feliz*, ele apresenta pesquisas constatando que essa fórmula precisa ser invertida: deve-se buscar primeiro a felicidade porque é isso que ajudaria no sucesso. Reconhecido como um dos maiores especialistas na conexão entre felicidade e sucesso, Achor nos ensina como alcançar mais alegria e sugere cinco hábitos para triplicar a produtividade, experimentar felicidade acima de seu ponto de ajuste genético e prolongar a vida:

- Tire quinze minutos do seu dia para praticar uma atividade que te gere alegria;
- Lista de gratidão: pelo que você é grato hoje? Pense em três exemplos;
- Pratique o *journaling*: escreva em seu diário sobre uma experiência positiva que você viveu nas últimas 24 horas. Explore essa vivência e o que pode aprender com ela;
- Pratique meditação;
- Escreva um e-mail positivo. Por exemplo, você pode agradecer, elogiar, desejar sucesso.

Entre os hábitos recomendados por ele (e apontado como o mais efetivo) está a forma como nutrimos as relações com nossos colegas de trabalho: seus efeitos são sentidos na produtividade, no gerenciamento do estresse, no nível de engajamento e na satisfação de clientes.[3] Um estudo conduzido por ele indica que profissionais que pontuam melhor numa métrica de apoio social a colegas de trabalho têm 40% mais chances de receber uma promoção no ano seguinte e se sentem dez vezes mais engajados em seus empregos.

Com base nisso, deixo a pergunta: *Que outros hábitos você consideraria incorporar (ou eliminar) para gerar em você mais alegria, energia e foco no otimismo racional, como descrito por Shawn Achor?*

Como praticar a felicidade

Se nossa jornada parte do indivíduo para impactar o time, a organização e os clientes, convém ter claro como se tornar mais feliz. Laurie Santos, professora de psicologia da Universidade Yale, diz que a chave é um conjunto de hábitos e práticas que incluem mais tempo para atividade física e para dormir, conexão social e atos aleatórios de bondade, ter tempo para experimentar mais gratidão e atenção plena. Entre seus alunos que incorporaram essas práticas, ela observou uma melhora do bem-estar subjetivo e na capacidade de lidar com questões de saúde mental que enfrentavam, tais como depressão, ansiedade e estresse. "Todos nós temos essas intuições sobre o tipo de coisa que vai de fato nos deixar felizes. Pensamos que é mais dinheiro, posses materiais", pondera ela.[4] "O triste é que a pesquisa mostra que muitas dessas intuições estão completamente erradas."

Ela é a professora por trás do curso mais popular nos trezentos anos de história de Yale. Em 2018, mais de 1100 estudantes matricularam-se nas suas aulas presenciais sobre a ciência do bem-estar. Professora do departamento de Psicologia, Santos iniciou o curso após testemunhar a gravidade da depressão, ansiedade e estresse que seus alunos enfrentavam. Desde a época em que as aulas ficaram disponíveis gratuitamente on-line, durante a pandemia, o programa "Ciência do bem-estar" virou um fenômeno, com mais de 4,5 milhões de alunos na plataforma de ensino a distância Coursera.[5] Seu currículo é baseado em estudos e hábitos práticos para o cotidiano e aborda temas como "Conceitos errôneos sobre a felicidade" e "Por que nossas expectativas são tão ruins". É claro que algumas pessoas duvidam da abordagem de Santos. Uma das críticas comuns que ela recebe quando diz que dá aulas sobre a ciência da felicidade é: "Peraí, sério? Isso é ciência mesmo?". "Quando pensamos em felicidade, frequentemente pensamos em algo efêmero ou mesmo piegas", nota Santos. "Mas o que separa as platitudes da versão científica da busca pela felicidade é a parte da ciência."

Santos recomenda sete práticas que podemos incorporar para nos tornarmos mais felizes:

1. Fale com um estranho. Com isso ela quer dizer "faça uma conexão pessoal". Como, por exemplo, falar com alguém que está na fila da cafeteria com você ou com alguém que está perto no metrô. "Muitos de nós nos sentimos solitários o tempo todo, o que é surpreendente porque frequentemente estamos no meio de outras pessoas", diz.
2. Medite. Há toneladas de evidências científicas mostrando que a meditação traz uma série de efeitos positivos. Pode ajudar a melhorar sua concentração, não só quando você está meditando, mas também depois. Mais importante: a meditação pode melhorar o seu humor. É uma técnica que pode nos ajudar a parar de divagar — esse ato de pensar sobre todas as outras coisas que não estão acontecendo aqui e agora.
3. Reduza seu número de opções disponíveis. "Achamos que ter mais escolhas nos torna mais felizes. Este é outro ponto sobre o qual nossa mente está errada. Estaríamos melhor restringindo nossas escolhas e até limitando nossa liberdade."
4. Foque menos um objetivo final. "Cada vez que atribuímos uma recompensa externa a uma atividade de que de outra forma gostamos, isso nos faz gostar menos dessa atividade. Isso diminui a probabilidade de realizarmos essa atividade na ausência de uma recompensa. E isso meio que rouba nossa alegria", explica Santos.
5. Ligue para um amigo. "Nos esquecemos de que os cinco minutinhos que vamos levar para nos reconectar com alguém com quem nos importamos vão melhorar incrivelmente o nosso humor, reduzir a

nossa solidão e nos fazer sentir mais conectados com as pessoas de quem de fato gostamos."

6. Mantenha um diário de gratidão. Anotar de três a cinco coisas pelas quais você é grato toda noite melhora estatisticamente seu bem-estar em apenas duas semanas.
7. Durma. Se quer se sentir melhor mental e fisicamente, você precisa dormir mais e melhor. O tempo recomendado de sono varia de sete a oito horas por noite, e é melhor se você praticar um pouquinho do que Santos chama de higiene do sono. Deixe o celular de lado ao ir para a cama e procure dormir na mesma hora toda noite.

Reduzir a quantidade de opções à sua disposição é um ótimo ponto, e tenho um exemplo real que ilustra essa ideia. Uma grande amiga minha, Tami Vilela, criou uma técnica interessante. Quando vai a um restaurante e recebe um cardápio com muitas possibilidades, assim que encontra um prato que lhe pareça incrível ela larga o menu e faz o pedido. Isso torna sua experiência mais feliz do que se gastasse mais tempo percorrendo todo o menu, repassando todas as escolhas possíveis.

Um estudo de intervenção escrito por Santos e quatro outros pesquisadores em que analisaram o impacto de suas aulas concluiu que frequentar seu curso "Ciência do bem-estar" bastava para que as pessoas demonstrassem uma melhoria significativa numa escala de felicidade padrão, um aumento de cerca de um ponto numa escala de dez."[6]

O mundo acadêmico está cada vez mais convencido da relevância da ciência da felicidade para as áreas de administração e carreiras. Harvard, por exemplo, quer que alunos de MBA aprendam como ser felizes no trabalho. "Para liderar um time feliz, você tem de aprender a ser feliz" é o mote de um curso da Harvard Business School que se tornou popular durante a pandemia de covid-19.

Arthur Brooks, professor da Harvard Kennedy School[7] e autor do best-seller *Build the Life You Want* [Construa a vida que quer ter], defende que cultivar uma vida de profundo prazer, satisfação e propósito não é apenas um sonho — é uma jornada de que todos nós podemos desfrutar. Inspirando-se nos "cinco pilares de uma boa vida" do psicoterapeuta Carl Jung, Brooks propõe sete coisas que você pode fazer hoje para começar esse novo caminho:

1. Abrace o progresso, não a perfeição;
2. Minimize o sofrimento. Gerencie ativamente sua saúde, tanto a mental quanto a física, e garanta seu emprego e sua renda para combater os principais estressores da vida;
3. Priorize a satisfação no trabalho sobre a renda. A felicidade no trabalho não consiste [apenas] em buscar ganhos maiores, mas em encontrar realização e servir aos outros;
4. Aprofunde seus relacionamentos. Invista neles por meio do casamento, da família e de amizades genuínas. Felicidade tem muito a ver com amor;
5. Invista em experiências. Use qualquer renda extra para enriquecer relacionamentos e compartilhar experiências significativas com aqueles com quem você gosta de estar;
6. Conecte-se com a natureza e com a arte. Cerque-se de beleza que eleve o seu espírito;
7. Busque um caminho de transcendência. Encontre uma filosofia ou uma fé que o ajude a compreender o panorama geral da vida e o seu lugar nele.

O que nos mantém felizes

Se entendemos a felicidade como uma jornada, é importante identificarmos o que mais contribui para sustentá-la ao longo do tempo. Segundo o psiquiatra Robert Waldinger, está enganado quem pensa que se trata de fama e dinheiro — e a maioria de nós pensa que sim. Dez anos atrás, em um estudo de referência com jovens da Geração Y, pesquisadores perguntaram aos participantes quais eram seus objetivos mais importantes na vida. Mais de 80% disseram que era ficar ricos, e outros 50% afirmaram que era ficar famosos. Respostas assim são tão comuns que nos dão a impressão de que essas são as metas que devemos perseguir para ter uma boa vida. Para combater tal percepção, é preciso contar com evidências robustas, e Waldinger carrega consigo muitas delas.

O "Estudo de desenvolvimento adulto", de Harvard, liderado por ele, é possivelmente o mais longo já feito sobre a felicidade. Começou em

1938, acompanhando a vida de 724 homens e a de seus descendentes ano após ano, perguntando-lhes sobre trabalho, vida doméstica e saúde. Estudos assim são extremamente raros. Quase todos os projetos desse tipo se encerram dentro de uma década, porque muitas pessoas abandonam o experimento, o financiamento para a pesquisa acaba, os pesquisadores perdem o foco ou morrem e não são substituídos. Entretanto, por uma combinação de sorte e persistência de várias gerações de pesquisadores, o estudo de Harvard sobreviveu.

Inclui agora mais de 1300 parentes, abrangendo três gerações diferentes. Waldinger lançou em 2023 o livro *Uma boa vida: Como viver com mais significado e realização*, em que narra em detalhes a história dessa investigação científica. Ele explica que, nos últimos anos, adicionou pessoas de outros países e de outras etnias ao estudo, além de metadados de outras pesquisas, para obter assim uma análise global.[8]

Os participantes originais do estudo compunham dois grupos distintos. No primeiro havia alunos de segundo ano em Harvard. Todos terminaram a faculdade durante a Segunda Guerra Mundial, e a maioria foi para o front em seguida. O segundo grupo era formado por garotos dos bairros mais pobres de Boston, escolhidos especificamente porque eram de algumas das famílias mais problemáticas e desfavorecidas da cidade. A maioria vivia em cortiços sem água corrente.

Quando entraram no estudo, todos esses adolescentes foram entrevistados e passaram por exames médicos. Os pesquisadores foram às suas casas e entrevistaram seus pais. E então esses adolescentes se tornaram adultos, que seguiram diversos caminhos na vida. Tornaram-se operários, advogados, pedreiros e médicos. Um deles, John F. Kennedy, tornou-se presidente dos Estados Unidos. Alguns desenvolveram alcoolismo, uns poucos sofreram de esquizofrenia.

Até hoje, a equipe à frente do estudo em Harvard contata os participantes a cada dois anos para saber se podem enviar mais um questionário sobre suas vidas. “Muitos dos homens da região central de Boston perguntam: ‘Por que vocês ainda querem me estudar? Minha vida não é tão interessante’”, conta Waldinger.[9] “Os homens de Harvard nunca fizeram essa pergunta.” Para ter uma ideia melhor dessas vidas, os pesquisadores não apenas enviam questionários. Eles os entrevistam em suas salas de estar. Levantam suas informações clínicas com seus médicos e os submetem a exames de sangue. Nos últimos anos, como vimos, ampliaram o escopo, adicionando comparações com pessoas do mundo todo.

"O ponto é que todo estudo é um produto do seu tempo e dos seres humanos que o conduziram", observa Waldinger em seu livro. "No caso do estudo de Harvard, aqueles seres humanos eram em sua maioria homens brancos, de meia-idade, com educação formal e heterossexuais. Devido a preconceitos culturais e à composição quase inteiramente branca da cidade de Boston e do Harvard College em 1938, os fundadores do estudo seguiram o caminho conveniente de estudar apenas outros homens brancos. É uma história comum, com a qual o estudo de Harvard deve lidar, enquanto trabalhamos para corrigi-la", escreveu ele.

"Felizmente, podemos agora comparar as conclusões da amostra original do estudo de Harvard com nossa própria amostra ampliada, que inclui as esposas, os filhos e as filhas dos nossos participantes originais, e também com estudos que incluem pessoas com antecedentes culturais e econômicos, identidades de gênero e etnias mais diversos", afirma Waldinger. E esses são achados científicos que outros estudos corroboram. "Achados que se revelaram verdadeiros para mulheres, para pessoas negras, para aqueles que se identificam como LGBTQIAPN+, para uma ampla gama de grupos socioeconômicos em nível mundial." A meta buscada por Waldinger e por seus colegas é compartilhar o que aprenderam sobre a condição humana e mostrar o que o estudo de Harvard tem a dizer sobre a experiência universal de estar vivo.

O que os pesquisadores de Harvard aprenderam com tudo isso?

"As lições não são sobre riqueza ou fama, ou trabalhar cada vez mais duro", afirmou Waldinger em sua palestra. A mensagem mais clara é a seguinte: conexões sociais são muito boas para nós, e bons relacionamentos nos mantêm mais felizes e saudáveis. Ponto-final. "A solidão mata", ele adverte. Pessoas que estão mais conectadas socialmente à família, aos amigos e à comunidade são mais felizes, mais saudáveis fisicamente e vivem mais do que aquelas menos conectadas. E a experiência da solidão é tóxica. Pessoas que são mais isoladas do que gostariam descobrem que são menos felizes. A sua saúde decai precocemente na meia-idade, as funções cerebrais se deterioram mais cedo e a vida acaba sendo mais curta.

A segunda grande lição do estudo, decorrente da primeira, é que não se trata apenas do número de amigos que você tem ou se você está ou não em um relacionamento sério, mas, sim, da qualidade dos seus relacionamentos mais próximos. "Viver no meio de conflitos é muito ruim para nossa saúde. Casamentos muito conflituosos, por exemplo, sem muito afeto", afirma Waldinger.

A terceira e última lição é que bons relacionamentos protegem não só nosso corpo, mas também nosso cérebro. "Estar em um relacionamento íntimo e estável com outra pessoa aos oitenta anos é algo protetor", explica ele. As pessoas em relacionamentos nos quais sentem que podem contar com o parceiro em caso de necessidade têm suas memórias preservadas por mais tempo.

No fundo, porém, é difícil assimilar essa lição e é fácil ignorá-la porque, como nos lembra Waldinger, relacionamentos são confusos e complicados, e o trabalho duro de zelar pela família e pelos amigos não é sexy nem glamouroso.

A felicidade e a psicologia positiva

Um pilar fundamental da ciência da felicidade, tão importante quanto *O jeito Harvard de ser feliz*, o curso de Yale e o estudo mais longevo sobre o tema, desenvolvido em Harvard, é o conceito de PERMA, de Martin Seligman, o pai da psicologia positiva, concebido por ele em 1998, quando lecionava na Universidade da Pensilvânia e fora eleito presidente da Associação Americana de Psicologia. Em seu primeiro livro, *Felicidade autêntica*, Seligman apresenta três caminhos para se alcançar a felicidade. O primeiro é o que ele chama de vida prazerosa, aquela na qual há mais emoções positivas do que negativas. O segundo caminho é a chamada vida engajada — e o ingrediente básico do engajamento é o estado de *flow*,* aquele em que você entra quando está fazendo algo de que gosta muito e não percebe o tempo passar, já que está 100% concentrado e motivado, atingindo seu mais alto desempenho. O terceiro caminho é a vida significativa, com propósito.

Em seu segundo livro sobre o tema, chamado *Florescer*, Seligman avança sua teoria sobre felicidade e bem-estar. Dois novos ingredientes entram na receita: relacionamentos positivos, importantes para o bem-estar, e realizações. Surge assim o acrônimo PERMA, em inglês. O "P" é *de positive emotions* (emoções positivas). O "E", de *engagement* (engajamento). O "R", de *relationships* (relacionamentos). O "M", de *meaning* (significado). E o "A" é de *accomplishments* (realizações). O modelo de florescimento baseado em emoções positivas, engajamento, relacionamentos, significado e realizações tornou-se clássico e passou a ser estudado e praticado por pessoas físicas e jurídicas.

Não demorou para que surgissem propostas para inclusão de uma sexta dimensão ao PERMA. Para alguns pesquisadores, o elemento que faltava era a saúde — *health*, em inglês —, o que resultou no acrônimo PERMAH. Esse conceito, por sua vez, sofreu uma mutação importante e transformou-se em PERMA-V. A responsável é a pesquisadora Emiliya Zhivotovskaya, que foi aluna de Seligman no mestrado em psicologia positiva da Universidade da Pensilvânia. Zhivotovskaya propõe que a dimensão referente à saúde física se chame *vitality* (vitalidade). Daí a sigla PERMA-V.

Quando Seligman começou a desenvolver a metodologia, "o comum era esmagar os sentimentos e tentar sufocar ao zero qualquer sofrimento", contou ele em palestra no Brasil em 2024. "Quando pacientes chegavam até mim e falavam: quero ser feliz, eu dizia: você quer dizer: 'não quero ser depressivo, louco ou ansioso, certo?'. Agora eu respondo: felicidade é o que está além disso, o bem-estar é uma meta plausível e ao alcance de todos." O PERMA foi uma das primeiras formas de mensurar o conceito de bem-estar e felicidade e seria adotado por organizações, líderes e instituições do mundo todo.

---

* Esse conceito é bem desenvolvido em *Flow: A psicologia do alto desempenho e da felicidade*, de Mihaly Csikszentmihalyi. Rio de Janeiro: Objetiva, 2020.

PONTOS-CHAVE

- Um erro muito comum é pensar: "Vou ser feliz quando me aposentar" ou "Vou ser feliz quando tiver todo o dinheiro do mundo". Quando percebe que você e as pessoas que mais ama não estarão aqui para sempre, surge um senso de urgência para priorizar o principal objetivo da vida, que é a felicidade.

- Muita gente ainda acredita que primeiro vai ter sucesso para depois ser feliz, afirma Shawn Achor. No entanto, ele apresenta pesquisas que demonstram que essa fórmula precisa ser invertida: deve-se buscar primeiro a felicidade porque é isso que levará ao sucesso.

- De acordo com Laurie Santos, professora de psicologia de Yale, a chave da felicidade é um conjunto de práticas que incluem tempo para atividade física e para dormir, conexão social e atos de bondade, e tempo para experimentar gratidão e atenção plena.

- O pai da psicologia positiva Martin Seligman apresenta três caminhos para se alcançar a felicidade. O primeiro é o que ele chama de vida prazerosa, aquela na qual há mais emoções positivas do que negativas. O segundo é a chamada vida engajada — e o ingrediente básico do engajamento é o estado de *flow*, aquele em que você entra quando está fazendo alguma coisa de que gosta muito e não percebe o tempo passar, já que está totalmente concentrado e motivado, atingindo seu mais alto desempenho. O terceiro caminho é a vida significativa, aquela que tem propósito.

- Se entendemos a felicidade como uma jornada, é preciso identificar o que mais contribui para sustentá-la ao longo do tempo. Segundo o psiquiatra Robert Waldinger, diretor do estudo de Harvard, não é fama nem dinheiro. Ele indica: os bons relacionamentos são o que nos mantém mais felizes e saudáveis.

2
Empreendendo a felicidade corporativa

Seja a mudança que você deseja ver no mundo.

Mahatma Gandhi

NO DIA EM QUE ME DEI CONTA de que queria criar um negócio em torno da felicidade, tratei de procurar um orientador no núcleo de carreiras do Insper. Depois de ouvir a história toda, o consultor me disse: "Vini, eu gosto de você. Vou lhe dar um conselho: arrume um emprego".

Aquilo doeu. Ele queria me ajudar. Achava que eu estava viajando, falando bobagens, mas quando você está obcecado por um assunto e é curioso não consegue largá-lo. Em meio ao meu processo de autoconhecimento, descobri as mentorias para executivos de C-Level (cargos de chefia ou liderança). Queria trabalhar com uma pessoa que fosse referência nesse assunto. Foi quando descobri o livro *O sucesso está no equilíbrio* e seu autor, Robert Wong. Por quinze anos, ele foi presidente da Korn Ferry, uma consultoria organizacional, até sair de lá e montar a própria empresa. Decidi que iria trabalhar com ele e enviei meu currículo. O primeiro retorno que tive agradecia o contato, mas explicava que a consultoria não contratava estagiários por só trabalhar com posições de diretoria e presidência. Não satisfeito com a resposta, comecei a ligar para a consultoria. Também não tive sucesso. Um dia, no Insper, dentro da sala de aula, pedi ajuda: "Pessoal, estou há três meses tentando trabalhar num lugar, já tentei de tudo e não consigo.

Talvez a única chance seja via relacionamento. Alguém aqui conhece o Robert Wong?". Fernanda Kneese, que cursou a faculdade comigo, respondeu: "O Robert Wong é meu padrasto".

Ela agendou a conversa. Fui até lá para conhecer o escritório e tive uma primeira reunião com Renato Bagnolesi, um dos sócios da consultoria. Ele gostou do que ouviu e disse: "Conversa lá com o Robert. Ele é o dono. O que ele achar, a gente assina embaixo. Tente a sorte".

Quando cheguei à sala do Wong, ele me convidou a me sentar diante dele e perguntou: "Sabe quem estava sentado aí ontem, numa sessão de mentoria?". Eu não sabia, claro. "Henrique Meirelles", disse ele, referindo-se ao ex-presidente do Bank Boston e do Banco Central do Brasil. "Depois que o Henrique saiu, sabe quem sentou aí?" Eu não tinha a menor ideia. "Fabio Barbosa", continuou Wong, nomeando o ex-presidente dos bancos Real ABN e Santander, que se tornaria anos mais tarde o CEO da Natura. "Depois do Fabio, sentou-se aí o Tarek Farahat, que foi o presidente da P&G." Foi quando percebi que não havia o que eu pudesse dizer para impressioná-lo. Decidi apenas contar a minha história e falar daquilo em que eu acreditava. No fim da conversa, ele me disse: "Vini, você viu que são pessoas muito seniores que vêm aqui. Não tem como você trabalhar em mentoria comigo, mas eu gostei de você. Você me lembra de como eu era quando jovem. A gente tem outra área aqui na empresa, de recrutamento de executivos. Se quiser uma chance, eu te ofereceria vir trabalhar aqui como pesquisador".

Topei na hora e trabalhei por cinco anos como *headhunter*. Ao longo desse período, fiz mais de 1,5 mil entrevistas, recrutando executivos para posições de C-Level, como CFO da Nike e CEO da Red Bull Brasil. Essa oportunidade foi importante para a minha formação, porque eu estava falando com pessoas da alta liderança. E descobrindo que são gente como a gente. Tive uma grande surpresa quando percebi que várias delas eram infelizes em seus empregos, dispostas até a ganhar menos para viver melhor. Caiu uma ficha muito relevante para mim. A busca pela felicidade não ocorria apenas na vida pessoal, mas também na profissional. Naquele momento tive um grande insight que mudaria minha vida: levantar a bandeira da *felicidade corporativa*.

Um mentor te dá asas

Depois de passar cinco anos entrevistando muitos executivos e executivas, em determinado momento me ocorreu que seria ótimo para a minha carreira ter um mentor. Naquela época, eu estava trabalhando no processo seletivo para a posição de presidente da Red Bull Brasil. Já havia mapeado e entrevistado todos os candidatos. Um deles, Minás Vourodimos — um executivo brasileiro de origem grega, àquela altura expatriado pela Coca-Cola —, me chamou muito a atenção por sua postura. Ele acabaria sendo contratado. Concluído esse processo de recrutamento, numa sexta-feira à noite, mandei um e-mail para ele: "Estou procurando um mentor. Acho importante para a minha carreira. Fiz todo o seu processo, acompanhei as entrevistas, os feedbacks, e você é a pessoa com quem eu gostaria de aprender".

Na segunda-feira de manhã, quando cheguei ao escritório, o primeiro e-mail que vi na minha caixa de entrada era o dele. Quando abri, era um textão. Com um frio na barriga, comecei a ler: "Vinicius, estou assumindo uma responsabilidade nova, e minha agenda é complicada. Dificilmente, eu, como CEO, iria conseguir tempo para te atender. Mas você teve a coragem de fazer algo que poucas pessoas fazem. E você teve a sorte de que pessoas no passado foram minhas mentoras e transformaram a minha carreira. Então, eu decidi que vou te dar uma chance. Vou te receber aqui no escritório, para a gente ter uma primeira conversa, e aceito ser o seu mentor".

A partir de então, todo mês eu ia ao escritório da Red Bull, para uma conversa de uma hora. Ele me levava em sua rota de visitas a pontos de venda. Explicava por que os produtos ficavam em determinadas disposições. Certa vez, durante uma de nossas sessões, perguntei a ele: "Minás, por que o desenhinho da Red Bull é tão feio? Por que vocês não fazem algo bonito?".

Ele se levantou e começou a escrever numa lousa. "Quantas marcas bonitas você vê o dia inteiro na televisão? Várias, né? Tantas que nem lembra delas. Mas quando vê uma que é única você lembra. Do bichinho que você acha feio você lembra. Da voz dele dizendo 'Red Bull te dá asas você lembra. O importante é a *brand awareness* [consciência ou reconhecimento da marca]. É ser lembrado. E isso a gente entrega, e muito", explicou Minás. Aquilo foi uma aula. Eu, na minha prepotência, achava que ia dar um toque para o CEO da Red Bull sobre como fazer uma propaganda mais bonita. No fim, aprendi um conceito que levei para a vida. Foram anos de mentoria. Ele acompanha minha trajetória desde 2012. Nos primeiros três ou quatro anos, era bem mais intenso. Nos encontrávamos quase todo mês. Depois, fomos espaçando, mas até hoje mantemos contato. Foi uma passagem interessante para mim, me deu muita confiança, me ajudou a tomar algumas decisões importantes na vida.

Decisões de carreira, sim, mas também ajustes na forma como me comporto com clientes.

Em paralelo, eu já estava montando o meu negócio. Uma coisa que Minás sempre me disse: "Qualidade é algo fundamental, é inquestionável. Você sempre tem de entregar qualidade". Outra lição: "Seja uma pessoa de confiança. Desenvolva relacionamentos de confiança". São valores e princípios que, quando um CEO de empresa menciona, você ouve de forma diferente. Também foi importante para mim saber que ele confiou no meu potencial. Gastou o tempo dele comigo e não me cobrou um centavo. Robert Wong também não. Abriu o espaço dele para que eu pudesse dar minhas aulas de felicidade. Era um espaço lindo, de uma consultoria de C-Level, e ele me deixou criar um projeto lá dentro. Deixou as chaves comigo. Ali formei as primeiras turmas — pavimentando a minha transição de *headhunter* para consultor de Felicidade. Por isso, meu enorme agradecimento a ambos, que foram fundamentais na minha trajetória.

Uma aposta no empreendedorismo

Nesse momento ocorreu uma reviravolta na trama, protagonizada pela Carol, a mulher que tive a sorte de conhecer na época em que estudávamos juntos no Insper e com quem me casei algum tempo depois. Foi ela quem me deu o livro em 2010 que mudaria a minha vida: *Desperte seu gigante interior*, de Tony Robbins. Aquilo explodiu a minha cabeça. Era o que eu queria fazer da vida. O cara consegue impactar positivamente a vida das pessoas e faz disso uma carreira? Eu não sabia que isso era possível. Em 2015, a Carol passou na seleção para um MBA no MIT (Massachusetts Institute of Technology), e decidimos nos mudar para os Estados Unidos. Foi uma decisão difícil. Para ir com ela, tive de abrir mão da minha carreira como *headhunter*, já consolidada, e da escola de felicidade que estava começando a construir. Nesse processo, mudei a rota, mas não meus planos de longo prazo. É comum que quem acompanha um aluno de MBA no exterior estude também, e Harvard fica ao lado do MIT. São escolas vizinhas. Então, comecei a fazer um curso de introdução à psicologia oferecido pela Harvard Extension School como pós-graduação com duração de dois anos.

Ao mesmo tempo, continuei a empreender. Como estava fora do Brasil, fui obrigado a trocar o atendimento presencial pelo remoto. Já naquele primeiro semestre, ficou claro que havia uma escolha a fazer: focar a pós-graduação ou dedicar 100% do tempo ao meu negócio.

Fiz as duas coisas durante o primeiro semestre. Comecei a formar turmas on-line, a escola de felicidade começou a dar certo e logo me peguei pensando: "Estou aqui nesta aula, que está me demandando muito tempo, e estou deixando de formar uma nova turma, de impactar muito mais gente". No fim do semestre, eu tinha de decidir: empreender ou tirar o diploma? Conversei com Carol, fiz uma reflexão e tomei outra decisão difícil: desisti de ter um diploma de Harvard. Empreender tinha mais impacto, fazia mais sentido e estava pagando as contas. Logo, decidi fazer uma aposta no empreendedorismo — mas não sem aproveitar uma última oportunidade.

Fui um dos diretores responsáveis pela edição de 2017 da Brazil Conference, um evento organizado por alunos de Harvard e do MIT. A conferência convida muitos brasileiros a se apresentarem, desde autoridades do governo até empresários e empresárias. Um dos convidados daquele ano foi o apresentador de televisão Luciano Huck, que decidiu aproveitar sua participação na conferência para gravar conteúdo para o *Caldeirão do Huck*, seu programa naquela época.

A produção do *Caldeirão* mapeou, então, quem eram os brasileiros que estavam inovando por lá, tanto em Harvard como no MIT. Inicialmente, identificaram umas cinquenta pessoas. Gravaram nove histórias. Dessas, cinco foram ao ar, entre elas a minha. Luciano Huck me entrevistou pouco tempo depois de passar por uma situação de quase morte com a família: uma queda de avião. Quando contei sobre as minhas ocasiões de quase morte e disse que depois delas eu tinha passado a priorizar minha felicidade, ele disse: "Eu também". Acho que foi por isso que ele gostou de mim e quis divulgar o meu trabalho. Nossa conversa foi muito boa, e, no fim, ele perguntou qual era o meu Instagram. Pensei: "Na Globo, nunca vão divulgar". No dia do *Caldeirão do Huck*, mostraram as cinco entrevistas, e só na minha divulgaram o Instagram. Em quinze minutos, ganhei 15 mil seguidores. Em dado momento, travou a tela do meu celular, de tantas pessoas me adicionando ao mesmo tempo. Fiquei em choque. No fim, cheguei a quase 70 mil seguidores. Aquilo ajudou muito o negócio a pegar tração. Estar lá no momento certo foi muito importante.

Como eu era um dos diretores da Brazil Conference em 2017, participei da escolha dos palestrantes, autoridades e celebridades que seriam convidados. Sempre fui fã de um empreendedor chamado Flávio Augusto, fundador da Wise Up, uma das maiores redes de escolas de idiomas do país. Eu acompanhava o trabalho dele como influenciador nas redes sociais, com o perfil @geraçãodevalor, sobre empreendedorismo, e sugeri o nome dele para palestrar. O comitê aprovou, e fiquei incumbido de convidá-lo. Tenho um casal de amigos, Édio e Elisa Alberti, que trabalhavam com Flávio. Mandei uma mensagem a eles, e marcamos uma conversa. Fiz o convite, e Flávio aceitou.

Ele já era dono do Orlando City, um time de futebol que na época tinha um jogador brasileiro da seleção como estrela, o Kaká. Dias depois, eu estava jantando com Raphael Chaves, o presidente da Brazil Conference, que sugeriu: "E se a gente chamasse o Kaká para falar na conferência sobre o potencial do futebol como negócio?". Gostei da ideia e mandei uma mensagem via WhatsApp para Flávio Augusto: "Será que o Kaká toparia vir falar na Brazil Conference?". Ele respondeu: "Não sei, fala com ele". E me passou o WhatsApp do Kaká. Mandei mensagem, liguei, expliquei, e o Kaká ficou superempolgado: "Claro, vai ser uma honra".

Kaká foi à conferência com o CEO do Orlando City, Alexandre Leitão. Eles participaram de um painel comigo. Foi um momento especial num evento muito especial. Naquele ano, era possível ver circulando por ali Luiza Helena Trajano, Gilberto Gil, Nizan Guanaes, Marina Silva, Armínio Fraga, Sergio Moro, Deltan Dallagnol, Dilma Rousseff, Djamila Ribeiro, Luís Roberto Barroso e Luciano Huck, entre outros. Porém, a pessoa que mais arrastou multidões foi o próprio jogador. Kaká participou do primeiro dos dois dias da conferência, uma sexta-feira, mas sabia que todo ano a organização preparava uma surpresa para o painel de encerramento. No ano anterior, havia sido Gisele Bündchen. Eu sabia quem era a surpresa, só que nós da diretoria tínhamos combinado que ninguém poderia vazar a informação. No fim daquela sexta-feira, o Kaká me ligou: "Vini, fiquei sabendo que o Warren Buffett vem palestrar amanhã. É verdade?".

Era, mas eu não podia contar a ninguém. Nem para o Kaká. Então, eu disse: "É o seguinte, não posso falar nada. Não posso confirmar, mas você comentou comigo que iria embora hoje. Se está na dúvida, é porque está cogitando ficar para o evento de amanhã. Se eu fosse você, ficaria". Ele respondeu: "Entendi. Então, vou ficar e pedir uma carona no jatinho do Flávio". Kaká ficou e depois mandou um áudio agradecendo: "Foi uma experiência única". Foi também um *gran finale* e, no fim, o que mais guardo da Brazil Conference é uma frase do próprio Buffett: "Nunca vi uma pessoa muito bem-sucedida pessimista. As pessoas bem-sucedidas que conheço são otimistas". É uma frase que se conecta com a bandeira que levanto. E é verdade. Se a pessoa é pessimista, não tem como empreender. Se nem ela acredita no próprio negócio, não tem como dar certo.

Antes eu imaginava que, quando as pessoas pagam por um MBA top de linha numa universidade norte-americana, o fator mais importante a ser considerado era a parte acadêmica, mas descobri que isso não é necessariamente verdade. O mais relevante me parece ser as relações cultivadas. Você começa a ter um nível de ambição que vai muito além do que tinha antes. Temos, muitas vezes, uma visão de mundo limitada pelo nosso meio. Quando começamos a conviver com pessoas que chegaram muito longe, fizeram coisas muito fora da curva, e percebemos que elas são gente como a gente, passamos a pensar: "Por que eu não posso também?". Para mim, poder conviver, naquele ambiente, com pessoas esforçadas que tiveram uma ideia e correram atrás para colocá-la de pé foi inspirador.

De escola a consultoria

Ainda em 2017, voltei dos Estados Unidos e precisava conquistar clientes o mais rápido possível para pagar minhas contas e as dívidas que contraíra com as universidades norte-americanas.

Entre 2010 e 2015, período em que estava trabalhando como *headhunter* de dia, eu empreendia na Escola da Felicidade Vinning, onde atendia só pessoas físicas, à noite. Houve pessoas que apostaram na empresa "na baixa", bem no começo, quando tudo era muito inovador. A transição para a esfera corporativa se deu quando os alunos começaram a me pedir para levar aquele conteúdo para as empresas nas quais trabalhavam. Foi assim que a Anna Pegova, marca francesa de cosméticos premium, se tornou meu primeiro cliente pessoa jurídica: graças ao interesse de Kevin Zehil, atual CEO da empresa; e foi assim que cheguei ao Google: por meio de Lidiane Tahan, que me procurou para desenvolvermos um programa de Felicidade Corporativa. Ambos tinham sido meus alunos na escola. Nesse caminho também cheguei à VNP Advogados, onde desenvolvemos um programa de 2017 a 2021. Fazíamos sessões em grupo todas as quartas, além de atendimentos individuais. Tanto na Anna Pegova como na VNP Advogados pude testar dinâmicas, atividades e abordagens. O que funcionava em uma empresa era levado para as outras. Acabei percebendo que dando aulas para pessoas físicas eu lidava com um grupo pequeno, tinha impacto limitado, enquanto as empresas tinham um potencial enorme para impactar milhares de pessoas. Resolver que só atenderia empresas foi uma decisão que mudaria o jogo.

Outro cliente crucial no início dessa trajetória foi a consultoria de recrutamento FESA. Nesse período, conheci o CEO, Carlos Guilherme Nosé, e ele me abriu uma porta muito importante, que me alavancou a outro patamar, chegando de fato ao alto escalão. Carlos Guilherme me convidou para palestrar no YPO (Young Presidents Organization), a principal rede global de CEOs, com mais de 34 mil membros em mais de 150 países, que reúne líderes influentes e inovadores a fim de inspirar impacto nos negócios. As empresas lideradas por membros do YPO empregam 22 milhões de pessoas e geram cerca de 9 trilhões de dólares em receitas anuais. Os membros são divididos em grupos menores, com cerca de dez CEOs em média. Uma vez por ano, esses subgrupos fazem uma viagem, que chamam de "*retreat*" (uma espécie de retiro).

Naquele ano, o grupo de Carlos Guilherme fez seu encontro no Hotel Fasano de Salvador. Ministrei um workshop de felicidade para dez CEOs e percebi que o que os fazia parar e prestar atenção ao tema era justamente a minha abordagem. Eu falava de felicidade corporativa de um modo objetivo: trazendo dados de pesquisas de grandes universidades e mostrando que o interesse pelo tema era uma tendência. Aquilo chamava muito a atenção de presidentes de empresas. Porque o CEO tem visão de longo prazo. Está pensando lá na frente. Tem faro para identificar o que realmente importa, aquilo que é, de fato, estratégico.

Foi assim que consegui capturar a atenção e conquistar o interesse da alta liderança. Fui convidado para outros eventos do YPO e meu nome foi se disseminando, novos projetos foram surgindo. Percebi que tinha sido muito importante chegar às empresas com o tema felicidade corporativa por meio dos presidentes. Hoje existe um movimento global de lideranças olhando para a felicidade como algo estratégico.

Para Fernando Carneiro, sócio-fundador da Vila Nova Partners, ao analisarmos o mercado por esses diferentes pontos de vista, concluímos que as empresas que têm um nível de felicidade maior contam com executivos mais motivados e que tendem a ser retidos. Carneiro atua como *headhunter* há mais de duas décadas, dedicado principalmente à busca de CEOs, e já entrevistou mais de 2 mil pessoas para cargos executivos. Ele defende que o oposto também é verdadeiro.[1] Empresas que, muitas vezes, pagam até muito bem e dão uma série de incentivos financeiros muito generosos, mas não levam em consideração o nível de felicidade de funcionários, executivos, e suas famílias, acabam tendo que pagar um preço alto em termos de *turnover*.

Nos últimos anos, Carneiro assistiu a um aumento na conscientização sobre a importância da saúde mental no ambiente de trabalho. Houve um período, nos anos 1980-90, em que a felicidade era uma questão não abordada. Era o império da meritocracia ou da lei da sobrevivência do mais forte; não do mais adaptado, mas do que mais aguentava maus-tratos. Isso mudou. Novas pautas ganharam relevância, como diversidade e inclusão, as quais, para Carneiro, não devem ser condicionadas a análises de retorno para a companhia. Elas devem ser implementadas porque isso é o correto a ser feito.

Lista da Felicidade

Uma das dinâmicas que realizamos no evento de Salvador com os dez presidentes de empresas foi a chamada Lista da Felicidade. O primeiro intuito da elaboração da lista é mostrar a importância de parar para pensar no que nos traz felicidade, como veremos em detalhes no capítulo 5. Sempre recomendo às pessoas que apliquem o que aprenderam sobre si mesmas. Um dos CEOs participantes gostou muito da dinâmica. Meses depois desse encontro, André Abucham, presidente da Engeform Engenharia, me convidou para um workshop na empresa que é uma das maiores do Brasil no setor de engenharia para a construção de hospitais. Quando fiz a apresentação da Lista da Felicidade para os seus colaboradores, ele disse: "Gente, essa lista impactou a minha vida de verdade". O encontro era por videoconferência, e Abucham estava no escritório de sua casa. Ele pegou o laptop e foi caminhando até seu quarto, foi até o closet e mostrou sua própria Lista da Felicidade colada na parede.

Abucham é o típico CEO pós-pandêmico, dedicado a cuidar das pessoas, interessado em desenvolvê-las no ambiente profissional. Pai de cinco filhos, adepto dos esportes — sobretudo de ciclismo —, ele ainda encontra tempo para se dedicar à sua ONG. Formado em engenharia civil, começou a carreira em Wall Street, onde passou sete anos desenvolvendo o pensamento analítico. Já como empreendedor, estudou em Harvard, no programa OPM (Owner/President Management), onde teve aulas com Robert Kaplan. Com o tempo e o amadurecimento, foi ficando cada vez mais claro para ele que o desenvolvimento de uma liderança humanizada e de competências para lidar com pessoas é o que faz a diferença para o crescimento das organizações. Um dos exemplos dessa mentalidade envolve as métricas priorizadas no negócio, ele conta.[2] A prioridade não é levantar quantos metros quadrados de hospitais estão sendo construídos, nem quantos leitos estão sendo instalados, mas, sim, quantas pessoas passam anualmente pelos centros de saúde que a Engeform entrega. "Chegamos ao número de 50 milhões de pessoas", diz Abucham. A próxima meta é atingir 60 milhões. Lembrando que o Brasil tem 212 milhões de habitantes.

A Engeform tem um centro de educação e treinamento próprio desde 2010. "É a materialização da nossa aposta na formação de pessoas", explica Abucham. O espaço, que ocupa um andar na sede da companhia, é dedicado a capacitar colaboradores principalmente em termos de *people skills* ou habilidades comportamentais. Um dos maiores treinamentos já oferecidos foi o de comunicação não violenta, com o especialista alemão Sven Fröhlich-Archangel, do qual participaram 120 líderes, que aprenderam conceitos como escuta empática e escuta ativa. Desenvolver pessoas é que faz as pessoas mais felizes no trabalho.

A dica de Abucham para quem está começando é investir tempo em conhecer o próprio DNA. Compreender a própria visão. "Onde você quer chegar como organização?", questiona ele. "Uma empresa com cultura empresarial forte pode implementar várias estratégias ao longo do tempo." Ou, como nos ensinou Peter Drucker, "a cultura come a estratégia no café da manhã".

Ao longo de todo o tempo à frente da empresa, Abucham manteve na agenda um compromisso que considera sagrado, o "Papo com AVA". AVA são as iniciais de seu nome, André Villac Abucham. Esses encontros consistem em uma conversa sobre passado, presente e futuro da empresa. E toda vez cabe a ele responder a perguntas "dificílimas" do time, segundo ele. Ele ouve mestres de obras, encarregados, analistas administrativos, o time inteiro. Faz isso na sede e nos negócios espalhados pelo país. "Essa integração com dedicação de tempo", explica ele, "é uma estratégia minha para trazer mais pertencimento, mais conhecimento sobre a organização, engajar as pessoas."

Um processo evolutivo

Minha escola se tornou a primeira consultoria de felicidade corporativa do Brasil, mas tive precursores: Márcio Fernandes, quando CEO da

Elektro, uma das maiores distribuidoras de energia elétrica do Brasil, foi um dos primeiros presidentes de empresa a falar em felicidade no país. Escreveu *Felicidade dá lucro*, livro em que narra o case da companhia, cujo comando assumiu aos 36 anos, e que, sob sua batuta, foi eleita seis vezes consecutivas a Melhor Empresa para Trabalhar no Brasil pelo Great Place To Work (GPTW).

Aliás, o próprio crescimento do GPTW no Brasil é parte desse processo evolutivo. A metodologia, o selo e a própria empresa foram criados por Robert Levering, um jornalista norte-americano que cobria assuntos ligados ao trabalho e, ainda nos anos 1980, foi convidado a escrever um livro sobre as melhores empresas para se trabalhar nos Estados Unidos. José Tolovi Jr. fundou no Brasil o primeiro escritório do GPTW fora dos EUA e participou de sua internacionalização. Hoje, todas as empresas buscam esse selo para serem reconhecidas como "um ótimo lugar para se trabalhar".

Três anos antes da publicação do livro de Fernandes, ainda em 2012, já havia sido lançado *Felicidade S.A.*, do jornalista Alexandre Teixeira, que fez parte da construção desse movimento. Em 2019, sairia *A ciência da felicidade*, de Luiz Gaziri, outra contribuição importante. A psicóloga Carla Furtado, fundadora do Instituto Feliciência, também produziu valiosas pesquisas sobre essa temática.

Nos anos que passei nos Estados Unidos, entre 2015 e 2017, me dediquei muito a estudar as tendências do mundo corporativo. Identifiquei três grandes ondas relevantes para a nossa discussão: uma do passado, uma do presente e uma do futuro. A da sustentabilidade começou lá atrás e hoje é gigante. Todos veem sua importância. A pauta do presente é a inteligência artificial, e a pauta do futuro é felicidade corporativa, saúde mental e bem-estar. Nesse sentido, a pandemia de covid-19 foi um divisor de águas.

Àquela altura, minha consultoria já tinha projetos interessantes, mas não tinha estourado. Eu sempre dizia à Carol: "Que bom que você tem emprego fixo, porque a qualquer momento posso perder todos os clientes. De uma hora para a outra, posso não ter receita. Não dá pra achar que tenho estabilidade". Quando veio a pandemia, deu um frio na barriga. Pensei: "A primeira linha de despesa que os clientes vão cortar é a felicidade". Notei que estava errado quando um banco me pediu um workshop a mais e depois uma multinacional francesa fechou um contrato de um ano.

Durante o período de distanciamento social, a felicidade se mostrou mais uma pauta que ia ao encontro da dor que pessoas físicas e empresas estavam sentindo. Nesse período, passei a atender cada vez mais empresas, em muitos setores, cujas histórias contarei nos próximos capítulos. Eram clientes que já tinham experimentado workshops focados em cuidar das emoções, mas que na pandemia entenderam a necessidade de ir além. Não queriam "abraçar árvore" naquele momento. Queriam algo que ajudasse as pessoas a atravessar aqueles tempos difíceis dentro de um contexto corporativo. E que isso transbordasse para a casa do colaborador.

Foi um dos momentos em que a sorte me ajudou. Eu já estava atendendo empresas e já operava on-line, dois elementos fundamentais na ocasião. Além disso, tinha conteúdo embasado em ciência. E sabia falar sobre felicidade na linguagem corporativa: minha trajetória fala por si. Criei um Comitê de Felicidade Corporativa com diretorias de empresas preocupadas com a saúde emocional dos seus colaboradores. A iniciativa foi destacada em um documentário da CNN Brasil chamado *A ciência da felicidade* e se tornou um ponto marcante na minha trajetória. Depois, recebi um convite para ser professor num curso de Felicidade Corporativa da Fundação Dom Cabral, a escola de negócios brasileira mais bem colocada nos rankings internacionais. Em paralelo, comecei a participar de podcasts. Um trecho de um episódio que gravei para o *Kritikê*, atual *FlowSA* e o podcast de negócios do grupo Flow, no qual falo das cinco linguagens do amor, viralizou, chegando a 7 milhões de visualizações no TikTok. Algum tempo depois, o mesmo corte viralizou também no Instagram e chegou a 11 milhões de visualizações.

Ciência, cases e governo

Durante a pandemia, o tema felicidade e bem-estar se tornou pauta das diretorias e dos conselhos das empresas porque a saúde mental virou um grande problema. As pessoas estavam ficando doentes. A alta liderança sentiu na pele que isso não era "mimimi". Que cada empresa precisava cuidar, de fato, das pessoas. Para isso, precisava de repertório, de ciência, de cases de sucesso.

À medida que a pandemia foi se tornando menos severa e a força de trabalho começou a voltar aos escritórios, no modelo híbrido, iniciou-se nossa transição para o atendimento presencial. Foi quando chegaram clientes como o Google, a Heineken e, um pouco depois, a Chilli Beans.

Hoje, essa pauta está no radar do poder público. A lei nº 14 831, que cria uma certificação para empresas que promovem a saúde mental, foi aprovada no Senado em fevereiro de 2024.[3] O selo é concedido pelo governo federal a empresas que adotem critérios para fomentar o bem-estar psíquico de seus colaboradores. Apresentado pela deputada Maria Arraes (Solidariedade — PE), o projeto que deu origem à lei determina a criação de uma comissão que será responsável por analisar a conformidade das práticas desenvolvidas pelas empresas. Entre as diretrizes estão a implementação de programas de promoção da saúde mental no trabalho e o combate a toda forma de discriminação e assédio. O certificado terá validade de dois anos.[4]

Em julho daquele ano, o governo atualizou a principal norma regulamentadora para proteção dos trabalhadores no Brasil (a NR1), presente no Programa de Gerenciamento de Riscos, que passou a incluir riscos psicossociais no ambiente de trabalho.[5] O novo texto obriga as empresas a implementar medidas para gerenciar esses riscos, zelando para que colaboradores não adoeçam mentalmente devido à sobrecarga de trabalho ou à exposição a ambientes tóxicos. Empregadores deverão realizar avaliações contínuas dos riscos e estabelecer estratégias para prevenir situações de assédio e violência no trabalho — registradas em documentos disponíveis para fiscalização. Desse modo, a saúde mental fará parte dos relatórios de risco ocupacional.[6] Essa é uma das pernas do tripé que identifico: ciência, cases corporativos e a parte que cabe ao governo. A sociedade está alinhando tais astros, o que torna a pauta ainda mais relevante.

O Brasil vem despontando como um dos líderes desse movimento e pode se tornar um exportador de gestão da felicidade corporativa.

Nós, brasileiros, nos acostumamos a importar conhecimento. Acompanhamos o que Estados Unidos, Europa e Ásia fazem, para replicar aqui. Em relação à felicidade, entretanto, podemos dar um show mundial. Há interesse pelo que fazemos aqui. Em fevereiro de 2023, fui convidado a palestrar no IESE, em Barcelona. Uma pessoa da Organização das Nações Unidas (ONU) estava na plateia, e acabei sendo convidado a fazer uma apresentação sobre felicidade corporativa num evento da organização. Na plateia virtual, havia representantes de cinquenta países!

PONTOS-CHAVE

- Warren Buffett: "Nunca vi uma pessoa muito bem-sucedida pessimista. As pessoas bem-sucedidas que conheço são otimistas".

- Hoje existe um movimento global de lideranças olhando para a felicidade como algo estratégico. Falar do tema com dados de pesquisas de grandes universidades e cases as engaja ainda mais a adotar essa agenda.

- Há três grandes ondas no mundo corporativo: uma do passado, uma do presente e uma do futuro. A da sustentabilidade começou lá atrás e hoje é gigante. Todos veem sua importância. A pauta do presente mais recente é inteligência artificial, e a pauta do futuro é felicidade corporativa, saúde mental e bem-estar.

- A pandemia de covid-19 foi um divisor de águas. O tema bem-estar e felicidade se tornou pauta de diretorias e conselhos, porque a saúde mental virou um problema. As pessoas estavam adoecendo.

- Hoje, essa pauta está no radar do poder público. Um selo é concedido pelo governo a empresas que adotem critérios para fomentar bem-estar psíquico nos colaboradores.

3
A diretoria da Felicidade

Gente Feliz Brinda Mais.

DEPOIS DE UMA DÉCADA E MEIA APRENDENDO, ensinando e praticando a disciplina da felicidade corporativa, foi em parceria com a cervejaria Heineken que decifrei seu código. Numa espécie de engenharia reversa, desmontando e analisando esse programa, identificamos três peças-chave para esse tipo de programa ser bem-sucedido: capacitação da alta liderança, criação de indicadores de felicidade e formação de embaixadores. Neste capítulo, vou tratar dos dois primeiros pilares. Os números atestam a solidez deles.

Todos os quatrocentos líderes da companhia foram capacitados no tema, a partir de um letramento específico incluído em um programa anual da Heineken. Com os VPS e o CEO, realizei sessões individuais. Essa formação tinha dois assuntos principais: a ciência da felicidade e segurança psicológica. Em paralelo, introduzimos uma pesquisa quinzenal sobre o tema com participação voluntária, em que havia perguntas ou afirmações como: "Sinto que estou progredindo para alcançar meus objetivos profissionais"; "Sinto-me energizado para realizar minhas tarefas"; "Me empenho em conhecer melhor meus colegas de trabalho a fim de construir um ambiente de relações positivas"; e "Experimento reações positivas no trabalho". No fim de 2024, ela era respondida por 82% dos 14 mil colaboradores. Ou seja, mais de 11 mil pessoas a cada quinze dias respondiam ao questionário, o que revela o engajamento com o tema.

Mas talvez a inovação mais radical desse programa tenha sido a criação de uma diretoria de Felicidade na companhia — a primeira do gênero em uma grande empresa no país, com enorme potencial de exportação. Existe, em inglês, o conceito de *game changers*, aqueles que mudam o jogo, criam um ponto de inflexão, abrem um novo mercado. A Heineken é um *game changer*. Uma coisa é gostar do tema, outra é testá-lo na prática. Mas o que muda mesmo o jogo é ter a coragem de pôr a felicidade no centro da estratégia da companhia. Logo que começamos a consultoria na Heineken, o presidente da empresa no Brasil, Mauricio Giamellaro, decidiu que a felicidade seria uma prioridade dentro do tema "Pessoas".

Ele é o CEO que mudou o mercado. Sem Mauricio, o movimento da felicidade corporativa não ganharia a dimensão que tem hoje. Ele estava em um curso de liderança com o professor indiano Shalom Saul Saar, da Universidade de Miami, quando teve o insight que deu início à jornada. Em uma das apresentações, Saar apresentou um slide sobre o que faz um gerente ou um líder. Ele não estava sugerindo que uma função é melhor que a outra, e sim que há momentos nos quais você precisa ser líder, enquanto há outros nos quais precisa ser gerente. No fundo, Saar explicava as diferenças entre gestão e liderança. Gerentes fazem avaliações de resultados; líderes fazem planos de desenvolvimento. Gerentes olham o curto prazo; líderes focam o médio e o longo prazos. Gerentes discutem remuneração; líderes se preocupam com incentivos. A última linha do slide dizia: gerentes trabalham com KPIS (*Key Performance Indicators*, indicadores-chave de desempenho); líderes, com KHIS (*Key Happiness Indicators*, indicadores-chave de felicidade).

"Aquilo fez um clique na minha cabeça", afirma Mauricio. Ele se deu conta de que já navegava bem por quase todas as linhas da liderança listadas no slide, mas aquela ideia de migrar de KPIS para KHIS o iluminou. Àquela altura, a Heineken nem media felicidade. Logo, Mauricio levantou a mão e perguntou: "Como fazer isso?". Shalom Saar respondeu: "Muitas empresas têm indicadores de desempenho; poucas têm indicadores de felicidade". Mauricio voltou para o Brasil com aquela ideia na cabeça. De imediato, chamou Raquel Zagui, vice-presidente de pessoas da Heineken Brasil, contou do curso que acabara de fazer e propôs: "E se a gente começar a medir a felicidade dos funcionários?". A dupla, então, trouxe muito rapidamente uma ferramenta já disponível no mercado e começou a trabalhar com esse assunto internamente.

O experimento logo pegou tração, e Lívia Azevedo, que trabalhara por muito tempo com Mauricio quando ele era vice-presidente comercial da companhia, como sua *business partner*, juntou-se ao time. Até então, sem nomear todas aquelas iniciativas de felicidade corporativa, eles trabalhavam, em todas as reuniões, com conceitos e práticas motivacionais e tratavam de assuntos pessoais do time. Mauricio decidiu investir no letramento de Lívia na ciência da felicidade, para que ficasse à frente do tema na companhia. Menos de dois meses depois, estava claro que o projeto ia vingar. Logo em seguida haveria a convenção anual da Heineken, que recebeu o título "Gente feliz brinda mais". Ele, então, decidiu tirar Lívia da diretoria de RH para nomeá-la "diretora de Felicidade". Estava criada, assim, uma diretoria apenas para tratar do tema e da prática.

Em janeiro de 2023, no pronunciamento ao time em que anunciou quais seriam as prioridades do ano, o item número um era "Pessoas" — e, dentro de "Pessoas", a prioridade seria a felicidade dos colaboradores. A nova área adotou a metodologia PERMA de Seligman. Assentado sob os cinco pilares do modelo (emoções positivas, engajamento, relacionamentos positivos, propósito e realizações), que tendem a aumentar o bem-estar, o projeto entrou em prática. Aos poucos, a liderança percebeu que os indicadores de desempenho melhoravam junto com os de felicidade. Hoje a operação brasileira é a única no mundo que tem uma diretoria de Felicidade e que mede, quinzenalmente, a felicidade de seu time. A empresa tem três prioridades: pessoas, resultados e reputação. Em "pessoas", o objetivo número um é tornar os líderes responsáveis pela felicidade de seus times. Na avaliação de desempenho de diretores e gerentes, indicadores de felicidade e de engajamento são o "como", complementares aos indicadores de "o quê". A mensagem que a alta liderança passa para a empresa é: não importa só o que você faz, mas também como faz.

A variável "felicidade"

Hoje a felicidade corporativa é parte da estratégia da Heineken Brasil porque é um diferencial competitivo, afirma Mauricio. No aspecto pessoal, a variável "felicidade" também move a vida e a carreira do executivo. Ele trocou cinco vezes de empresa até chegar à cervejaria, atuando inicialmente como VP comercial e hoje como CEO. Antes disso, trabalhou na Unilever, na Pepsico, na Reckitt Benckiser e em dois fundos de *private equity*. "Todas as vezes em que fiz uma transição de empresa e, por consequência, de carreira, fiz porque não estava feliz", conta Mauricio. "Para mim, estar feliz é fator determinante para ter sucesso no que faço e para ficar na empresa onde estou. Preciso ser feliz e não consigo separar minha vida pessoal da minha vida profissional."

Pensando na sua trajetória, Mauricio entende que o trabalho que está liderando na Heineken poderia ser feito de maneira semelhante, com valores e ideias parecidas, em qualquer companhia. Entretanto, ser CEO, ele reconhece, lhe dá mais força para implementar um programa amplo como o atual: ele pode separar recursos, definir prioridades, colocar o tema entre as metas da empresa. Nas outras empresas em que esteve, em escalões mais baixos da pirâmide corporativa, sua influência era menor, mas ainda assim ele conseguia trabalhar o tema — direta ou indiretamente — nas áreas que liderava. "Sem chamar de 'felicidade', sempre trabalhei muito esses aspectos humanos nas áreas em que atuei, como diretor comercial, de marketing ou de vendas."

A busca por felicidade, lembra ele, é inerentemente humana — e todas as empresas são feitas de gente. Logo, todas precisam trabalhar a felicidade das pessoas. Do contrário, vão perder seus talentos ou os manterão com desempenho abaixo do potencial.

Métricas de felicidade

Uma das perguntas que mais ouço no mundo corporativo é: "Como você mede a felicidade?". Basicamente, consultando as pessoas envolvidas. Na Heineken, o levantamento sempre foi aberto a todos os funcionários, com participação voluntária. De início, houve mil respostas. Depois 2 mil, 3 mil. Aí, a adesão disparou, chegando a 11 mil respondentes a cada quinze dias. São seis perguntas baseadas na metodologia PERMA-V. Pergunta-se ao colaborador, por exemplo, se ele sentiu mais emoções positivas ou negativas nos últimos dias; se seu gestor o reconhece e valoriza no dia a dia; se encontra propósito e significado nas tarefas que desempenha; se está dormindo e comendo bem, assim como fazendo atividade física. Cada gestor deve colher os resultados e conversar com seu time. Ou seja, é possível medi-los. Tal constatação é importante para tranquilizar os mais desconfiados, que pedem números para se sentir confortáveis com o tema. As pessoas que já acreditam na felicidade corporativa, por outro lado, não precisam ver os números de antemão.

Mauricio não pediu números de antemão para implementar o programa. Só disse: “Acredito nisso, vou construir na companhia e vou começar a mensurar”. Esta é a visão que faz o programa dar certo. Na minha experiência, vejo que o que bloqueia o processo é a demanda antecipada: “Me dê os números para eu ver se gosto disso”. Como a maioria das empresas nunca plantou a semente da felicidade, não há o que colher de saída. Mas a pessoa quer ver o fruto para se convencer a começar. É uma lógica que faz com que certas empresas demorem a implementar um programa de bem-estar e acabem ficando para trás na corrida: não há como ver resultados do que nunca se fez.

Podemos traçar um paralelo entre a felicidade corporativa e a educação dos filhos. Que resultado se espera de uma criança de dois anos? Qual a métrica para um filho de cinco anos? Não é esse o ponto. Educa-se porque é o certo a fazer. Oferecer educação de qualidade é o melhor a fazer. E faço conscientemente, acreditando que vai gerar grandes frutos lá na frente. Por que não fazer o mesmo no trabalho? Investir hoje para colher no futuro? Essa é, aliás, a mesma lógica de qualquer investimento financeiro: aplicar hoje para colher dividendos no futuro.

O segundo resultado a destacar é o próprio índice de felicidade do time. A nota média geral da Heineken Brasil, de zero a dez, foi subindo devagar até chegar a oito. É claro que há diferenças entre áreas, times e localidades, mas esse é o padrão esperado. Se uma equipe tem um índice de felicidade muito abaixo da média geral, é preciso entender o que está havendo. Pode ser que não haja um índice de felicidade baixo, mas um pilar do PERMA abaixo do ideal. Se os profissionais de uma equipe têm nota baixa, por exemplo, no quesito emoções positivas, seu gestor precisa entender o que está acontecendo. Precisa iniciar uma conversa.

Você pode estar se perguntando como isso impacta o negócio. Uma grande conquista para a empresa foi a redução do *turnover* voluntário, de 5% para 0,7%, com a participação do departamento de Felicidade. "Trabalhar numa empresa que tem uma diretoria de Felicidade, que tem um CEO que numa reunião pergunta como você está se sentindo, faz diferença", diz Mauricio. É o que mostra a pesquisa de clima. A Heineken Brasil está no top 5 em engajamento entre todas as operações globais. É difícil isolar a variável "felicidade" de outros indicadores. Há quem diga que é coincidência. Mauricio prefere acreditar que não é. "Nos últimos três anos, tivemos os melhores indicadores de crescimento, participação de mercado e lucro", afirmou.[1] Em seu período como CEO, a operação da Heineken no Brasil saiu do 17º lugar no ranking global do grupo para alcançar o primeiro, com a felicidade no centro da estratégia.

A pessoa certa no lugar certo

Lívia Azevedo é a pessoa certa no lugar certo na hora certa! Ela me lembra a personagem Alegria do filme *Divertida mente*. Tem uma energia que contagia. Por onde ela passa na Heineken as pessoas param para conversar — e sempre tem risada junto. Ela tem a capacidade de unir, engajar, alegrar, cuidar e resolver problemas. Eu me identifico muito com ela. Nos conhecemos no final de 2022. Nossa primeira reunião foi uma conexão de propósitos. Lívia concordava com tudo que eu falava sobre felicidade corporativa e o que estava fazendo nas empresas. Em tudo que ela estava sonhando construir na Heineken eu acreditava também. O alinhamento era tão grande que até a sorte estava ao nosso lado. Essa nossa reunião foi perto do Ano-Novo, e o escritório da Heineken estava vazio, com muita gente de férias. Mas uma pessoa estava trabalhando naquele dia e passou ao nosso lado: Mauricio Giamellaro. Ele mesmo, o CEO!

Lívia prontamente o chamou e me apresentou: "Este é o Vinicius Kitahara, um dos maiores especialistas em felicidade corporativa do Brasil". Ao que Mauricio respondeu no ato: "Deixa eu te mostrar uma coisa, então", disse, abrindo seu caderno de anotações na página sobre prioridades para 2023. Adivinha o que estava em primeiro lugar? "A felicidade das pessoas." Começava ali a nossa parceria.

Mauricio tornou-se o primeiro CEO a criar uma diretoria de Felicidade, Lívia, a primeira diretora de Felicidade da companhia, e eu, o primeiro consultor de Felicidade Corporativa.

E o que faz uma diretoria de Felicidade? Na visão que desenvolvemos, trata-se de proporcionar o ambiente mais positivo possível para os funcionários, no qual possam ser ouvidos e ser eles mesmos. Sendo eles mesmos, vão usar todo o potencial que têm para realizar mais. Ao realizar mais, vão se sentir mais produtivos e, no fim, mais felizes. Parece óbvio, mas não é. Por ambiente positivo, entenda um espaço de segurança psicológica, no qual se pode falar sem medo de ser julgado. Nele, há uma conexão humana entre líder e liderado, por meio da qual um consegue entender as necessidades do outro. Pela experiência desenvolvida na Heineken, Lívia percebeu que o líder é o principal responsável por construir esse ambiente e por influenciar a felicidade de seus liderados.

Em uma empresa com o tamanho e a capilaridade da Heineken, faz toda a diferença trabalhar a felicidade seguindo as particularidades de cada área, região e escritório. Considerando a estrutura total da Heineken no Brasil, são 14 mil pessoas, distribuídas sobretudo entre a área de *supply chain* (produção e logística) e a de vendas e distribuição, geograficamente espalhadas por todo o Brasil. São 31 centros de distribuição, onde ficam vendedores, motoristas e ajudantes de motorista, além de quinze fábricas. Lívia está na empresa desde 2012 e trabalhou por seis anos na área de vendas e distribuição. Por isso, conhece todas as regionais e sabe das necessidades e diferenças de cada uma.

Só de líderes, supervisores de vendas e vice-presidentes, são cerca de 2 mil pessoas. "É através desses gestores que fazemos essa agenda acontecer", ela explica. A cervejaria comunicou a prioridade de treinar essa agenda, avisou que era responsabilidade de todos os líderes e ofereceu treinamentos de desenvolvimento em ciência da felicidade e segurança psicológica. É assim que espera que os gestores comprem a ideia, internalizem-na e, por fim, a transmitam a seus times.

Pequena estrutura, grandes impactos

Sob a liderança de Lívia, a diretoria de Felicidade Corporativa tem uma estrutura formada por uma gerente sênior da área médica da companhia, Aline Melo, responsável por um programa de apoio a todos os empregados em dimensões que vão da psicológica até a jurídica, e uma analista de RH. Lívia conta ainda com dois analistas partilhados com outras áreas, e com o apoio de todos os *business partners* das áreas clientes — o que mostra que não há um núcleo isolado do restante da companhia pensando em felicidade. A ideia é que essa agenda seja capilarizada por toda a organização.

Há, por exemplo, um *squad* de Produção para a Felicidade. Para cada tema — a pesquisa e o aplicativo "Ey Happy", por exemplo — há um líder. Isso já proporcionou melhorias nas linhas de produção, onde pensar a felicidade implica olhar para o ambiente de trabalho. Dentro da Jornada da Felicidade, começamos a pedir aos líderes que perguntassem aos seus colaboradores o que poderia ser feito para aumentar a felicidade deles no dia a dia. Dessa prática, surgem respostas simples, como "um ventilador bem perto da cabeça traz felicidade para quem atua num lugar quente com uma roupa pesada" e "um banquinho no fim da linha de produção traz felicidade para quem fica o dia inteiro em pé". O óbvio precisa ser dito para quem não está na operação.

Isso é especialmente importante no caso de uma empresa tão espalhada geograficamente, por regiões diferentes, onde as demandas são tão diversas. Há, por exemplo, uma fábrica em Benevides, na região metropolitana de Belém, e outra em Igrejinha, na região metropolitana de Porto Alegre. São culturas completamente diferentes. Para acessar as sutilezas regionais, a liderança precisa entender como as pessoas pensam e agem. A conexão entre elas em uma região é mais fácil e fluida do que em outra. As necessidades higiênicas são distintas.

De maneira geral, olhando para o país, que é enorme, a adesão ao movimento da felicidade corporativa na Heineken hoje é homogênea. Está todo mundo mais ou menos na mesma página. No entanto, um movimento mais forte teve início em 2023, na área de produção. Essa foi uma conquista comemorada, já que os times das fábricas e dos centros de distribuição tendem a ser muito mais pragmáticos e processuais do que as equipes de vendas. Entender essas diferenças também importa. No fim de 2024, a diretoria de Felicidade estava formulando um plano com iniciativas específicas para as áreas corporativas (finanças, digital e tecnologia, bem como o próprio RH), que têm outras necessidades.

Como lidar com pessoas céticas

No organograma da Heineken Brasil, o CEO tem nove vice-presidentes que se reportam a ele. "Hoje posso dizer que tenho os nove comprometidos com a felicidade, mas não foi sempre assim", nota Mauricio. "A área de marketing foi a última a entender a importância da felicidade."

O executivo recomenda começar o processo de letramento pela alta liderança, para demonstrar por que o tema é relevante. "Se as perguntas não vêm, você as traz: 'Vocês acreditam, de verdade, que esse tema pode trazer resultados práticos para a organização?'", ele exemplifica. Essa discussão é importante porque, se o líder cético acredita que é possível impactar uma só dimensão — por exemplo, que a felicidade diminui o *turnover* —, já há algum território a explorar. O cético, observa Mauricio, não precisa acreditar em tudo: basta entender que o profissional feliz vai trabalhar melhor, e estará menos suscetível ao burnout; ou que pessoas mais felizes ficam mais tempo nas empresas. Foi assim, por exemplo, que ele convenceu o time de marketing — que tinha um *turnover* bastante alto. É verdade, porém, que, nesse caso específico, foi preciso trocar a liderança da área.

Não vamos nos esquecer de que a felicidade corporativa ainda é um assunto tratado com ceticismo, em nível internacional. "Outros CEOS da operação me acham uma figura meio maluca", observa Mauricio. "É normal. Quem levantava a bandeira da inteligência artificial dez anos atrás também era encarado assim." Na Heineken Brasil, nem todos os VPs compraram a ideia da felicidade corporativa em um primeiro momento. Houve resistência? Sim. Verbal? Zero. "Porque ninguém vai ouvir o CEO falar sobre criar uma diretoria de Felicidade e dizer que ele está louco", pondera Mauricio. Não é assim que operam os céticos. "O problema não é o que eles falam. É o que eles (não) fazem."

É um alerta precioso para lideranças dispostas a implementar um programa de Felicidade. Os céticos dificilmente vão verbalizar sua descrença, mas é improvável que vão multiplicar ideias, mensagens e práticas em que não acreditam. O não falado é a parte mais difícil. Lidar com céticos é exaustivo porque é preciso falar sobre felicidade em todos os momentos. Usar todas as reuniões para relembrar o porquê de a companhia ter abraçado a pauta. Assim, é possível espalhar sementes, que vão crescer de baixo para cima.

O alinhamento da diretoria com a pauta da felicidade corporativa, porém, é fundamental para se cultivar a cultura que hoje diferencia a Heineken da concorrência. Com cem diretores alinhados, a chance de tais valores descerem em cascata para todos os níveis hierárquicos é alta. "Aí não é mais o Mauricio. Não é mais a Lívia. Aí é todo mundo", diz Mauricio.

O desafio de lidar com céticos não é exclusivo da Heineken. Um dos embaixadores de Felicidade Corporativa de C-Level no Brasil é o ex-CFO da Suzano, Marcelo Bacci, agora na Vale (ele é tricampeão do prêmio CFO do ano do Instituto Brasileiro de Executivos de Finanças). No começo da nossa jornada, antes de ele conhecer a pauta, eu tinha conversas de bastidor com o pessoal da Suzano, e sempre me diziam: "Nós, do RH, gostamos do tema, mas esta é uma empresa de engenheiros e engenheiras, pessoas muito céticas, focadas em números. O maior desafio que você tem é falar com o CFO". Bacci se diverte lembrando que, quando a expressão "felicidade corporativa" começou a circular na Suzano, ele tratou de procurá-la no Google. "Felicidade na empresa? Será que a gente precisa ser feliz aqui?", perguntava-se ele.

A entrada do assunto na pauta coincidiu com a pandemia, quando a companhia teve de alterar radicalmente a forma de trabalhar, passando do modo 100% presencial para o 100% remoto. A liderança teve de reavaliar a forma de se conectar com as pessoas e percebeu que o ambiente remoto de trabalho gerou impactos distintos em cada uma delas. Foi quando Bacci percebeu que as pessoas precisam participar da vida da empresa de maneiras diferentes para que se sintam bem. A introdução do tema felicidade corporativa veio quando essa ficha começava a cair.

No âmbito pessoal, o que o fez virar a chave foi uma reflexão sobre feedbacks recebidos ao longo da carreira, de chefes, pares e subordinados, centrados em duas críticas recorrentes: "Você às vezes é enigmático" e "Você nunca celebra as coisas; quando atinge uma meta já pensa na próxima, em vez de ficar feliz". Bacci entendeu que comportamentos para ele naturais estavam sabotando seu desejo de ter à sua volta pessoas motivadas, trabalhando satisfeitas e performando no mais alto nível.

Ao adquirir repertório da ciência da felicidade, ele começou a unir os pontos. Para levar o tema felicidade para sua área, partiu de uma pergunta: como um CFO gera felicidade? Como você se sente toda vez que resolve um problema? Feliz. Então, resolver problemas gera felicidade. Que grande problema ele poderia resolver? "Burocracia", respondeu Bacci. "Se desburocratizar, vou trazer felicidade para as pessoas." Cada liderança pode abraçar o tema felicidade e resolver problemas dentro do seu escopo. Felicidade corporativa é isso também: mostrar às pessoas que, ao resolver problemas, elas trazem felicidade aos demais.

Bacci é uma clara demonstração de como é importante convencer as lideranças. Se a pauta for do RH, em qualquer empresa, de qualquer setor, ficará restrita a um grupo de pessoas. No dia a dia, quem lida com cada um dos indivíduos que trabalham na empresa são os gestores, e eles só fazem o que acham importante. Esse processo de convencimento é difícil em empresas muito grandes e diversas, e o segredo não é pregar para convertidos, afirma Bacci. O movimento, porém, ganha tração à medida que as pessoas antes céticas vão se engajando aos poucos. "Elas vão se sentindo melhor com elas mesmas e vão irradiando isso para as equipes", nota ele. "Mas ou você engaja os líderes ou não vai acontecer."

Líderes que trabalham visando ao próprio bem-estar, à própria felicidade, conseguem transmitir de alguma forma esse estilo de vida para os seus funcionários. Como defende a *headhunter* Danute Gardziulis, os líderes preocupados com essa pauta são aqueles que têm investido mais em desenvolvimento das habilidades socioemocionais dos seus liderados e das suas equipes.

As habilidades socioemocionais são:

- Empatia
- Trabalho em equipe
- Aprendizado ativo
- Resiliência

Desenvolver *soft skills*, buscar conhecimento e repertório é fundamental. Dá trabalho, sim, e isso explica a proliferação de empresas, consultorias e startups focadas em cuidar de pessoas e buscar o ferramental para a implantação desse tipo de programa. Elas facilitam a vida de diretores e diretoras que precisam dar conta de um volume sem precedentes de demandas.

Trata-se de um trabalho bastante especializado. "Primeiro, porque cada um de nós aprende de uma forma distinta", pondera Gardziulis. "Depois, porque cada um de nós encontra o seu nível ideal de felicidade em eventos distintos. Então, cabe às companhias e aos seus líderes entender que precisam ofertar diferentes ferramentas para os seus públicos internos."

PONTOS-CHAVE

- Ao desmontar e analisar um programa bem-sucedido de Felicidade Corporativa, identifico três peças-chave: capacitação da alta liderança, criação de indicadores de felicidade e formação de embaixadores.

- O programa de Felicidade Corporativa da Heineken resultou na criação de uma diretoria de Felicidade — a primeira do gênero numa grande empresa no país, com enorme potencial de exportação. Quatrocentos líderes foram capacitados, e uma pesquisa quinzenal sobre o tema tem participação voluntária de 82% dos 14 mil colaboradores.

- A diretoria de Felicidade tem a missão de proporcionar o ambiente mais positivo possível para as pessoas, no qual elas possam ser ouvidas, ser elas mesmas e realizar mais.

- São os gestores e líderes diretos que replicam a agenda de felicidade nas diversas áreas, entendendo as particularidades da operação e o que faz as pessoas felizes em cada ambiente. A alta liderança puxa e força o tema a entrar na agenda.

- Lidar com céticos é um dos grandes desafios da implementação de um programa de Felicidade Corporativa: dificilmente vão verbalizar sua descrença, mas é improvável que vão multiplicar ideias, mensagens e práticas em que não acreditam. Uma saída é entender o que a felicidade significa de forma bem objetiva para os céticos — em alguns casos, é desburocratizar; em outros, pode ser reduzir o *turnover* da área.

- Líderes que trabalham o próprio bem-estar, a própria felicidade, conseguem transmitir de alguma forma esse estilo de vida para os seus funcionários.

A felicidade na agenda do CEO

André Felicíssimo, presidente da P&G Brasil

"Eu não sou o cara divertido das festas", conta o executivo que comanda a empresa de bens de consumo P&G no Brasil. Ex-estudante de matemática que abandonou a graduação para se formar em engenharia de produção, André Felicíssimo começou sua carreira na P&G nos anos 1990, na área de vendas, aprendendo desde cedo a importância de se comunicar bem. "O setor de vendas tem algo completamente imponderável, que é a vontade do cliente. Se o cliente não comprar, não acontece nada." A área exige também a capacidade de liderar à distância, mantendo engajados os vendedores na ponta. Para isso, ele desenvolveu o conceito de "liderança magnética", a que faz com que as pessoas desejem fazer o que você diz. Pelo menos era assim que ele próprio se sentia quando se reportava a Javier Goizueta, um americano-cubano, filho de Roberto Goizueta, lendário CEO da Coca-Cola Company, empresa da qual Javier mais tarde se tornaria vice-presidente. "Sabe aquele líder que, quando você não entrega um objetivo, ele só te olha, triste? Eu não queria deixá-lo triste", explica Felicíssimo.*

---

* O executivo concedeu um depoimento exclusivo para este livro.

Exercer um estilo de liderança aberto, comunicativo, por meio do qual as pessoas sentem segurança, faz com que as críticas cheguem. Uma delas provocou um ponto de inflexão em sua carreira. "Sempre tive muito cuidado, carinho, pelas pessoas que lidero. No meu time, sempre fui alguém carismático, alguém com quem gostavam de trabalhar." Com seus pares, porém, ele não era assim. Seu estilo era sarcástico, focado em vencer as discussões. Em geral, vencia — "e sentia prazer nisso". Em algum momento, porém, Felicíssimo — já como diretor júnior — ouviu de um chefe: "André, até aqui você conseguiu chegar com esse seu estilo. Mas daqui você não passa".

Felicíssimo reuniu algumas pessoas e foi muito franco com elas. "Eu quero mudar. Vocês me ajudam a mudar?" A partir de então, passou a ouvir feedbacks como: "André, nessa reunião você teve uma recaída". Ao que respondia: "Tá bom, vou me controlar mais". Aos poucos, foi vendo que conseguia chegar aos mesmos objetivos de uma maneira mais colaborativa. Outra passagem marcante se deu quando estava expatriado no Panamá, e sua esposa, Claudia, foi diagnosticada com câncer de mama. Como não poderia deixar de ser, foi um susto muito grande. Em situações como essa — ou como a pandemia —, ele aplicou o que batizou de "Regra das 48 horas". Durante o período, deixa as emoções fluírem. Depois, o foco é em aprendizado e ação. "Tivemos nossas 48 horas de drama. Em seguida, fomos aprender: o que é isso? O que a gente faz? Tem urgência?" Esse episódio, que desembocaria num arranjo temporário com Claudia fazendo o tratamento no Brasil e Felicíssimo vivendo no Panamá com os filhos, levou o executivo a realinhar suas expectativas e passar a encarar desafios pessoais de outra forma.

Como contei no início, passei por três situações de quase morte que viraram a chave em mim para começar o movimento em que estou até hoje. Mas sinto que este livro é também fruto da oportunidade de abordar pessoas que estão na alta liderança e acreditam nesse mesmo movimento. Juntos, podemos levar nossa busca por felicidade na vida pessoal também para o trabalho — que é onde a maioria de nós passa a maior parte da vida. Se uma liderança vive isso e entrega resultado, então o mesmo é possível para todo mundo na organização. É esse o movimento que queremos. E é isso que Felicíssimo fez.

Depois de trabalhar e mudar o seu próprio estilo de liderança, ele quer agora influenciar outros líderes da empresa. Um dos temas da P&G em 2024 foi "liderar com respeito". Nos anos anteriores, também houve esforços para a criação de um ambiente de segurança psicológica e de diversidade e inclusão. O desafio agora é desenvolver a pauta da felicidade corporativa. "Não é samaritanismo, é porque de fato acredito que podemos melhorar os resultados trabalhando esse tema."

Ele começou a falar sobre felicidade internamente e a colocá-la em pauta nas reuniões. Acredita que o CEO tem de ser o norteador da cultura — porque felicidade é um tema de cultura e liderança, que deve cascatear pelos vários níveis da pirâmide organizacional. A sua maior preocupação com a cultura é garantir que ela não se perca na média gerência.

Clóvis de Barros Filho, professor, palestrante e autor best-seller, diz que felicidade é aquele momento que você não quer que acabe. Felicíssimo, que é seu fã declarado, gosta de criar esses momentos na vida profissional. Ele se lembra de um telefonema que recebeu quando expatriado no México, na posição de líder de vendas. Um de seus diretores lhe antecipara que uma negociação comercial com um grande varejo local não ia bem e sugerira que se preparasse para receber uma ligação do cliente bravo. Quando o telefonema veio, Felicíssimo atendeu na maior empolgação, para surpresa de seu interlocutor. "Você sabia que eu ia ligar? Sabe do que se trata?", perguntou o cliente. "Sim, sim", respondeu. "E por que você me atende assim?" "Porque não tenho nenhum motivo para estar triste. Sei que a gente está numa discussão comercial, mas gosto muito do negócio que a gente faz com vocês, adoro as suas lojas e sei que você adora nossas marcas. Vamos resolver isso." A dupla ficou vinte minutos conversando sobre felicidade e a discussão comercial não aconteceu.

Felicíssimo, que carrega a felicidade em seu sobrenome italiano, não tem um segredo para criar e manter relacionamentos de qualidade e confiança, mas é, claramente, uma pessoa leve. No entanto, adverte a quem cultiva o mesmo estilo: há o risco de ser mal interpretado. "As pessoas podem confundir isso com falta de seriedade", afirma. Podem achar que ali está alguém incapaz de tomar decisões duras. Então, primeiro é preciso construir uma reputação profissional de quem entrega resultado, diz. "Depois você vai ter a liberdade de ser essa pessoa."

No fim do dia, é preciso gerar resultado. O que vem mudando, porém, é a consciência de que tanto ser feliz como ser eficiente são atributos de quem gera bons resultados. "Quando se trata de felicidade corporativa, o caminho muitas vezes é começar primeiro e falar depois", diz Felicíssimo. "Ir construindo em silêncio, até que os resultados falem por si. Não preciso contar o que vou fazer. Depois que tiver as práticas implementadas, posso jogar luz em cima delas, envelopar o que já existe. A partir daí, trata-se de catalisar, maximizar, contaminar mais gente."

4
O poder dos bons relacionamentos

A felicidade é o significado e o propósito da vida,
o objetivo e o fim da existência humana.

Aristóteles

Felicidade é algo importante para você?
Sim? Não? Muito? Pouco?

Nas minhas palestras, 100% das pessoas respondem SIM! Dizem que a felicidade é muito importante. Essa primeira pergunta é fácil. A segunda é mais difícil e importante: *Se pudesse dar uma nota de zero a dez para o quanto você, intencionalmente, estudou sobre o tema felicidade, que nota se daria?*

A maioria dos participantes se dá uma nota de zero a três. Ou seja, a felicidade é importante para todo mundo, mas bem pouca gente se dedica a estudá-la. Dito de outro modo, se a felicidade é (comprovadamente) importante e há uma ciência em torno dela, por que não a estudamos?

A base de meus programas nas empresas é o estudo mais longo já feito até hoje sobre felicidade no mundo. Como vimos no capítulo 1, para Robert Waldinger, o professor de psiquiatria da Harvard Medical School e mestre zen-budista que coordena atualmente essa pesquisa, a mensagem mais clara obtida ao longo de oito décadas de investigação é a seguinte: os bons relacionamentos nos mantêm mais felizes e saudáveis.[1] Relacionamentos de qualidade e confiança são o fator que mais contribui para a nossa felicidade no longo prazo. É estar bem com a família, estar bem com amigos e com colegas de trabalho. É estar bem com nós mesmos.

Essa pesquisa é o coração daquilo em que acredito. Ela é fundamental para que se entenda de que tipo de felicidade estou falando. Felicidade corporativa é uma linha específica, para quem lida com metas, pressão, desafios, e que usa ferramentas práticas para facilitar esse dia a dia. O foco nos relacionamentos é um exemplo sob medida, porque um dos grandes desafios nas empresas são as relações interpessoais. Logo, temos uma missão: criar uma cultura de liderança e gestão que contrabalanceie os males do nosso tempo, que cultive os bons relacionamentos e que ajude as pessoas a ficarem bem no trabalho.

Em geral, as lideranças concordam que a felicidade é uma ferramenta para chegar lá, mas quase nunca têm a dimensão do como — no sentido de algo estruturado e com metodologia. Ao longo de mais de uma década trabalhando com empresas, perguntei a muitos grupos de funcionários se ver a felicidade como algo importante fazia sentido dentro da empresa, e a resposta positiva sempre prevaleceu. Porém, quando pergunto diretamente "quantas relações de qualidade e confiança você tem no trabalho?", as pessoas ficam em choque. A resposta média fica entre duas e três. Se a pesquisa revelou que esse é o fator que mais contribui para a felicidade, e pessoas felizes ficam menos doentes, trocam menos de emprego e tornam-se mais engajadas, por que os líderes não trabalham com esse dado? Por que não buscam melhorar esse indicador estratégico (relações de qualidade e confiança), que vai gerar mais felicidade, engajamento e bem-estar? É caríssimo contratar e treinar pessoas. E elas estão saindo da empresa por causa dos relacionamentos. Empresas são constructos. Existe a experiência que vivencio nelas, e o que me faz amá-las ou odiá-las são principalmente as pessoas com quem interajo. Logo, a felicidade tem tudo a ver com as pessoas.

Dito assim, parece óbvio, mas, se ninguém fala sobre o assunto e não conecta os pontos, não fica claro para as pessoas que isso é exatamente o tipo de felicidade corporativa que a pesquisa mais longa sobre o tema indica como objetivo para programas nas empresas. Se num time de vinte pessoas cada membro só tem bons relacionamentos com outros dois ou três, a equipe não se conhece. Caso se conhecessem melhor, as pessoas entregariam melhores resultados. Qual a reunião semanal de que você participa cujo objetivo é gerar relações de qualidade e confiança? As empresas geralmente não têm nenhuma. Ao perceber isso, comecei a aplicar esse conhecimento nos programas de Felicidade, trabalhando os conceitos de maneira bem prática.

Uma razão pragmática

O mundo corporativo vive de ondas e tendências. Vamos analisar uma do passado, uma do presente e uma do futuro. Uma tendência que começou anos atrás e tornou-se dominante é a da sustentabilidade corporativa. Em 1994, John Elkington cunhou o termo "*Triple Bottom Line*" (ou tripé da sustentabilidade) para definir uma nova maneira de avaliar o desempenho das empresas, a partir de seu impacto social, ambiental e econômico.[2] Esse movimento cresceu e fomentou, ao lado de outros, o que chamaríamos de ESG, sigla em inglês para questões sociais, ambientais e de governança. O novo termo surgiu em 2004, em uma publicação do Pacto Global em parceria com o Banco Mundial chamada "Who Cares Wins".[3] A partir disso, o ESG tornou-se prioridade, uma pauta-chave do mundo corporativo, fortemente impulsionada pelo impacto da pandemia da covid-19. A agenda do presente é a inteligência artificial. Agora, a agenda do futuro, a próxima onda, é a da felicidade corporativa. E existe pelo menos uma razão bastante pragmática para isso: o impacto da felicidade sobre os negócios está claro e mensurado:

- Aumento da produtividade em até 31% (*Harvard Business Review*[4]);
- Aumento da retenção de talentos em até 44% (Gallup[5]);
- Aumento da inovação em até 300% (*Harvard Business Review*[6]);
- Redução de ausências por doenças em até 66% (Forbes[7]);
- Redução do *turnover* em até 51% (Gallup[8]);
- Redução do burnout em até 125% (Greenberg & Arakawa[9]).

Quase todo executivo com que discuto programas de Felicidade Corporativa me pergunta, em algum momento: investir na felicidade dá lucro? A resposta é "sim". As empresas devem priorizar o bem-estar dos seus funcionários porque essa é a coisa certa a fazer, mas, para além desse escopo, dados recentes apresentados por pesquisadores de Oxford mostram que também é lucrativo: empresas com níveis mais elevados de bem-estar têm melhores avaliações na bolsa, melhor retorno sobre os ativos e maiores lucros.[10]

O estudo baseia-se no maior conjunto de dados de todos os tempos sobre bem-estar no ambiente de trabalho — um total de mais de 15 milhões de enquetes sobre o tema foi realizado na plataforma Even. "O conjunto de dados não é único só pelo seu tamanho, mas também pela sua riqueza", afirma o professor Jan-Emmanuel De Neve, autor principal do estudo e diretor do Centro de Investigação de Bem-Estar da Universidade de Oxford. "Estamos ouvindo diretamente os próprios funcionários, estamos chegando ao cerne da questão", observou.

No estudo foram formuladas e respondidas perguntas que avaliam níveis de felicidade, satisfação no trabalho, estresse e senso de propósito. Esses dados foram agregados numa pontuação de bem-estar no trabalho. As respostas foram dadas por pessoas de 1636 empresas de capital aberto; depois, as pontuações obtidas foram vinculadas a dados sobre o retorno sobre os ativos, a lucratividade e o desempenho dessas companhias no mercado de ações. As cem melhores por pontuação de bem-estar superam os principais *benchmarks*: S&P 500, Dow Jones e Nasdaq 100.

Os investimentos que as empresas fazem em bem-estar no trabalho não prejudicam os resultados financeiros; ao contrário, contribuem para a melhora deles, mesmo depois de ajustados para considerar o tamanho da empresa, o setor, a geografia onde está e outras variáveis. Uma pesquisa feita pela consultoria Robert Half para entender como empresas e funcionários se sentem em relação ao trabalho mostra que 89% das companhias reconhecem que bons resultados estão diretamente ligados à motivação e à felicidade dos colaboradores.[11]

Além de reconhecer a ligação entre felicidade e bons resultados, os recrutadores ouvidos pela Robert Half apontaram os principais benefícios gerados por uma equipe de trabalho feliz:

- 89% dos líderes mencionam que profissionais mais felizes são mais produtivos;
- 75% dizem que profissionais mais felizes trabalham melhor em equipe;
- 65% acreditam que profissionais felizes são mais leais às empresas.

Um dos principais resultados do relatório Panorama Liderança 2024, elaborado pela Amcham Brasil, é a comprovação de que bem-estar e felicidade no trabalho têm relação direta com engajamento e produtividade. No âmbito da alta liderança, 94% dos respondentes acreditam nessa conexão. É um dado interessante, sobretudo levando em conta o peso da entidade.

A Amcham Brasil é a maior entidade multissetorial do país e a maior câmara americana de comércio fora dos Estados Unidos. Fundada em 1919, tem cerca de 3500 empresas associadas, que representam um terço do PIB brasileiro, com grande diversidade em termos de porte, setor e nacionalidade — há companhias brasileiras, norte-americanas e de quarenta outros países. Parte de sua missão é promover boas práticas empresariais; daí o desafio de estar sempre antenada com o que está acontecendo na vanguarda do mundo corporativo.

Dentro do seu rol de atividades, há um calendário de programas ao longo do ano; o CEO Forum, em junho, é seu principal encontro com a alta liderança das empresas associadas. A Amcham tem dezesseis filiais no Brasil. É uma organização geograficamente bem espalhada, mas o CEO Forum elege uma temática nacional, para que uma mesma mensagem seja disseminada por todo o país. Em 2024, foram realizados quinze eventos locais, para os quais foram convidados executivos da alta liderança das empresas de cada região, palestrantes e especialistas. O tema do ano? Felicidade como estratégia nos negócios.

No ano anterior, o tema havia sido liderança humanizada. No encontro em Belo Horizonte estava Gustavo Werneck, CEO da Gerdau e membro do conselho da Amcham. Ele tinha acabado de voltar de uma viagem ao Butão, país conhecido mundialmente por seu índice de desenvolvimento nacional chamado Felicidade Interna Bruta (FIB).[12] O conceito, criado em 1972, evoluiu muito desde então, e hoje propõe a avaliação do bem-estar da população pelos seguintes indicadores: desenvolvimento socioeconômico sustentável e equitativo, conservação ambiental, preservação e promoção da cultura e boa governança.

Quando a Amcham escolheu a felicidade corporativa como tema do CEO Forum de 2024, com a preocupação de mostrar que há correlação direta entre felicidade e resultados, a reação inicial de vários convidados ao anúncio do tema foi de curiosidade e ceticismo. Neto ouviu associados dizendo: “Quando recebi o convite, minha primeira reação foi pensar: ‘não vou’”. Depois do evento, porém, as avaliações foram muito positivas. Ao todo, 4860 pessoas de negócios participaram do ciclo de encontros Brasil afora. Nos palcos, revezaram-se filósofos, psicanalistas, médicos e, sobretudo, executivos que têm programas de Felicidade em suas empresas. Fui chamado para palestrar em cinco desses eventos. O principal é o de São Paulo, no qual havia só CEOs. O evento paulistano começou com uma palestra da professora de psiquiatria e psicologia de Yale Hedy Kober.

Considero esses eventos um ponto de inflexão no contexto organizacional brasileiro para o tema felicidade corporativa depois da pandemia, que acelerou o processo de conscientização das companhias e fez com que a alta liderança começasse a ganhar repertório sobre o assunto. Antes, eu tinha de convencer as empresas de que ele é relevante.

Minha apresentação ecoou entre esses executivos por combinar aprendizados da ciência da felicidade e cases de empresas — em especial as estatísticas de engajamento, *turnover* e inovação, bem como a relação entre felicidade e resultados financeiros. Pela primeira vez, conseguimos alinhar esses elementos com dados robustos de empresas que aplicam conhecimento sobre felicidade a seus negócios e, com isso, aumentam a lucratividade, o engajamento e o bem-estar das pessoas, contra-atacando alguns dos males da nossa geração. O Wellhub afirma na sua pesquisa do ROI do Bem-Estar 2025, onde entrevistou mais de 1500 CEOs, que 82% deles têm ROI positivo nos programas de bem-estar, 58% afirmam que bem-estar é fundamental para o sucesso financeiro da empresa e 60% reconhecem que é responsabilidade da empresa cuidar do bem-estar dos colaboradores.

Um Ikigai corporativo

Parte do sucesso da metodologia que venho desenvolvendo nos últimos anos deve-se a um esforço para traduzir a linguagem da ciência da felicidade para o mundo corporativo. Porque nem tudo que é desenvolvido por cientistas é pensado para empresas. Daí surge o conceito de felicidade corporativa.

Aqui vale destrinchar os quatro pilares da felicidade corporativa: a felicidade do indivíduo, a felicidade do time, a felicidade da empresa e a felicidade do cliente.

Pois são felicidades distintas. A felicidade do indivíduo é algo único, fruto de um processo de autoconhecimento. A pessoa precisa buscar, ir atrás, priorizar. A felicidade do time tem a ver com o engajamento, com as relações de qualidade e confiança. Grande parte da nossa felicidade tem a ver com a relação direta com nosso líder e com nosso time. A felicidade da empresa se materializa quando a companhia dá lucro e é sustentável, gerando resultados para que possa continuar existindo.[13] E um cliente feliz é um cliente satisfeito, que retorna. Essa jornada é maior do que cada um de nós. Ela pressupõe que o indivíduo esteja bem, o time, engajado, e que a empresa seja lucrativa. Essa combinação é o equivalente a um Ikigai do mundo corporativo.

A filosofia japonesa que nos ajuda a encontrar um propósito, conhecida como Ikigai, se baseia em quatro elementos: o que fazemos bem, o que amamos fazer, o que é bom para o mundo e o que as pessoas nos pagam para fazer. É um conceito fantástico, pensado para pessoas físicas, mas que funciona bem no âmbito organizacional. Basta perguntarmos: é bom para o indivíduo, para o time, para a empresa e para o cliente? Temos esses quatro elementos alinhados? Caso a resposta seja afirmativa, então chegamos ao que chamo de felicidade corporativa. Nem sempre vamos estar bem em todos, mas saber que essa é a visão e correr atrás para evoluir é o objetivo dos líderes. Trabalhar numa empresa de que você gosta traz felicidade. Eu mesmo sou apaixonado pelo meu trabalho. Tenho a sorte de trabalhar com algo de que gosto e me sinto estimulado a falar sobre isso. Alguém tem de falar. Do contrário, muita gente vai continuar associando trabalho a algo ruim. Dentro de cada empresa, há um responsável por isso. Quem? A alta liderança. Ela tem hoje uma oportunidade única de assumir esse papel.

Empresas estão chegando à felicidade corporativa por caminhos diferentes. A Heineken já tem uma diretoria estruturada em torno do tema. A Chilli Beans está começando. É uma empresa de dono, com a capacidade de implementar um programa de forma mais rápida. A Accenture aposta muito no uso de tecnologia para ir mensurando os progressos nesse campo. Na Siemens, há uma presidente, Adriana Costa, que acredita nessa pauta. A Vale tem uma gerência de benefícios e bem-estar. Em meados de 2024, enquanto eu trabalhava neste livro, começava a tomar corpo um novo comitê de companhias interessadas em felicidade corporativa, só que agora com CEOs. Assim, certamente surgirão novas sinergias entre as companhias. E é nesse contexto que a área de RH tem agora uma enorme oportunidade de fazer história.

Por muito tempo, empresas enxergaram recursos humanos como área de suporte. Os recursos para plano de saúde e outros benefícios, treinamento e desenvolvimento estão no orçamento da área. Contudo, essa talvez não fosse considerada uma área estratégica. Depois da pandemia, que demonstrou como a dor do indivíduo pode prejudicar sua performance, o setor de RH tem a chance de mudar sua atuação — e o reconhecimento para a área. Foi durante a crise sanitária que essa área garantiu que as empresas desenvolvessem resiliência organizacional e assim gerassem valor.[14] Devidamente reinventada, a área de Felicidade Corporativa vai se tornar uma cadeira-chave, à medida que os líderes de RH sigam nesse caminho, conectando gestores e embaixadores do tema, talentos e estratégia de negócios,[15] e desenvolvendo habilidades e treinamentos para que essa agenda ocorra.

Muito se fala, aliás, sobre *hard skills* (competências técnicas) e *soft skills* (competências de gestão, relacionais e comportamentais). De acordo com o Fórum Econômico Mundial,[16] o pensamento analítico e o pensamento criativo serão habilidades essenciais para as empresas até 2027, à frente de competências como resiliência, flexibilidade e agilidade. No grupo de habilidades técnicas, a capacitação em inteligência artificial e *big data* é a mais importante, seguida por design e experiência do usuário. O conceito de felicidade enquadra-se numa terceira categoria: *life skills*, habilidades que você usa na sua vida cotidiana. Geralmente, você é capacitado em *hard skills* e *soft skills* para desempenhar seu trabalho dentro da empresa. Você adquire um conhecimento técnico no Google para usar no Google. Desenvolve *soft skills* para ser gestor no Google. Já *life skills* como felicidade corporativa são usadas dentro e fora da empresa. Logo, empresas que começam a pensar em capacitar as pessoas para se tornar seres humanos melhores têm um grande diferencial.

PONTOS-CHAVE

- A maior parte da vida adulta é passada no trabalho. Mais do que com a família. Logo, temos uma missão: criar uma cultura corporativa de liderança e gestão que contrabalanceie os males do nosso tempo. Das reuniões semanais de que você participa, qual tem o objetivo de gerar relações de qualidade e confiança? Geralmente, não há nenhuma.

- Empresas devem priorizar o bem-estar de funcionários porque é a coisa certa a fazer, mas dados mostram que também é algo lucrativo: empresas com maiores níveis de bem-estar têm melhor avaliação na bolsa, melhor retorno sobre os ativos e maiores lucros.

- Os investimentos que as empresas fazem em bem-estar no trabalho não prejudicam os resultados financeiros, mas sim contribuem para eles, mesmo depois de ajustados para considerar o tamanho da empresa, o setor, a geografia e outras variáveis.

- Uma pesquisa da consultoria Robert Half para entender como empresas e trabalhadores se sentem em relação ao trabalho mostra que 89% das companhias reconhecem que bons resultados estão diretamente ligados à motivação e à felicidade dos colaboradores.

- Muito se fala sobre *hard skills* (competências técnicas) e *soft skills* (competências de gestão, relacionais e comportamentais). O conceito de felicidade enquadra-se numa terceira categoria: *life skills*, habilidades que você usa na sua vida, dentro e fora da empresa.

5
A Lista da Felicidade

Para cada minuto em que fica com raiva, você perde sessenta segundos de felicidade.

Ralph Waldo Emerson

EM NÍVEL INDIVIDUAL E ATÉ SUBJETIVO, as pessoas dificilmente param para pensar, com tempo e qualidade, sobre felicidade. Sobre o que realmente as faz feliz. Nos meus workshops e treinamentos, aproveito o tempo com as pessoas reunidas e proponho uma dinâmica especial. Com a estrutura a seguir você pode experimentar o que fazemos ao vivo e montar a sua própria Lista da Felicidade. É simples, o que não quer dizer que seja fácil — e você vai perceber o motivo.

- *De zero a dez, quanto a felicidade é algo importante para você?*
  Quase todo mundo se dá nota dez quando faço essa pergunta em palestras ou workshops.

- *De zero a dez, quanto você estudou sobre felicidade?*
  Em geral, as pessoas se dão notas baixas quando confrontadas com essa questão.

- *De zero a dez, qual o seu nível de autoconhecimento sobre aquilo que faz você feliz?*
  As pessoas se dão notas geralmente altas, entre sete e dez.

Se tivesse de criar uma Lista da Felicidade com cem coisas que fazem você feliz, a quantos itens acha que chegaria?

Comece agora. Use as duas páginas a seguir para isso. Tente, em dez minutos, listar o máximo de itens que fazem você feliz. Em seguida, vou lhe apresentar alguns dados. Vamos lá!

Quantos itens você conseguiu listar?

Saiba que, na média, ao listar o que as deixa felizes, as pessoas travam entre os itens 20 e 25. Esse é um dado recorrente. No decorrer de centenas de treinamentos, percebi que o exercício é difícil para a grande maioria das pessoas. Provavelmente foi difícil para você — e esse é um insight importante. Por que é difícil? Por que temos dificuldade em listar cem coisas que nos fazem felizes? Uma das hipóteses é, justamente, que nunca paramos para pensar. Estamos tão ocupados com outras coisas menos importantes para nossa felicidade que não paramos para refletir. Qual foi a última vez em que você parou dez minutos, com qualidade, para pensar no que o faz feliz? O fato de não conseguir lembrar é uma informação importante para a sua vida. Outra hipótese: você provavelmente não conseguiu completar os cem itens porque não se lembrou de coisas que o fazem feliz. Há inúmeras coisas que eu sei que, se considerar, fazem você feliz. Só que você não se lembrou delas.

Este é um segundo insight importante: você não se lembra das coisas que lhe fazem bem. Uma provocação que faço nos workshops, nas palestras, é a seguinte: e se eu pedisse para você montar uma lista de preocupações e problemas que você tem na sua vida pessoal e profissional? Quantos itens conseguiria listar?

As pessoas dão risada quando faço essa pergunta. “Esta é fácil”, brincam. “Consigo escrever duzentas.” Por quê? Porque estão pensando nisso o dia inteiro. Abrem seus e-mails e lá estão os cem itens de preocupação à mão. Mas pense: se só tenho clareza daquilo que me preocupa, como vou me sentir no fim do dia? Preocupado, tenso, ansioso. Por que não estou me sentindo feliz? Porque não estou recordando as coisas que me deixam feliz. Porque elas não estão na minha agenda.

1	26
2	27
3	28
4	29
5	30
6	31
7	32
8	33
9	34
10	35
11	36
12	37
13	38
14	39
15	40
16	41
17	42
18	43
19	44
20	45
21	46
22	47
23	48
24	49
25	50

51	76
52	77
53	78
54	79
55	80
56	81
57	82
58	83
59	84
60	85
61	86
62	87
63	88
64	89
65	90
66	91
67	92
68	93
69	94
70	95
71	96
72	97
73	98
74	99
75	100

Analisando as listas incompletas junto com os participantes, descobrimos um padrão de comportamento. Em geral, as pessoas travam pois associam a felicidade a conquistas grandes, difíceis e demoradas: comprar uma casa, viajar pelo mundo, ser promovido. No inconsciente delas, felicidade é algo grande, difícil e demorado. E se estão associando felicidade, única e exclusivamente, a itens grandes, difíceis e demorados, é claro que vai ser difícil ser feliz.

Por que pedimos cem itens? Porque, se pedíssemos dez, todo mundo ia chegar na meta. As pessoas listariam itens grandes, difíceis e demorados. E pensariam: "Eu sei o que me faz feliz".

A partir do momento em que peço cem itens, você se dá conta de que não consegue completar a sua Lista da Felicidade apenas com temas grandes, difíceis e demorados. Para chegar a cem, você é obrigado a diversificar, a ter itens grandes, médios, pequenos e um conceito muito importante: "minimomentos de felicidade". Toda vez que abraça alguém que você ama é um minimomento de felicidade. Sentir o cheiro de casa limpa é um minimomento de felicidade. O aroma do café, uma cerveja, um banho quente num dia frio: são todos minimomentos de felicidade.

Tenho um minimomento de felicidade que é minha marca registrada. Moro no nono andar e normalmente preciso esperar o elevador para descer e para subir. Toda vez que aperto o botão e o elevador já está lá, aprecio o minimomento de felicidade. Compartilhei esse hábito com a Carol, minha esposa. Desde então, toda vez que chegamos ao elevador, apertamos o botão e a porta abre no ato, um olha para o outro e diz: minimomento de felicidade! Passamos os trinta segundos seguintes dançando no elevador. Estamos capturando aquele minimomento.

Imagine quantas vezes você apertou o botão do elevador, na sua casa ou no escritório e ele estava no seu andar. Mas você estava preocupado com uma reunião na semana seguinte, então passou aqueles trinta segundos tenso, alheio ao que poderia ser um minimomento de felicidade. O fato é o mesmo. Nos dois casos apertamos o botão do elevador, ele abriu no ato e passamos trinta segundos descendo ou subindo. No primeiro cenário, capturei trinta segundos de felicidade. No segundo cenário, você viveu trinta segundos de preocupação. Isso vale para a vida de modo geral.

Todo mundo tem as mesmas 24 horas. Durante esse tempo, você

está preocupado ou está capturando minimomentos de felicidade? No fim do dia, você vai sentir aquilo em que ficou prestando atenção. No fim da semana, a mesma coisa. No fim do ano, e assim por diante, até o fim da vida. Quando o conceito de minimomentos de felicidade é compreendido, você começa a aproveitar melhor a jornada. No entanto, se não capturar seus minimomentos intencionalmente, você entra no piloto automático e volta a viver preocupado. Preocupado no elevador; preocupado na reunião, e vai passar a preocupação para o seu time. Sim, o trabalho é estressante e difícil, mas, a partir do momento em que, quando vou tomar o café da manhã, aprecio o cheiro do café, decido desfrutar aquele momento com a família, curto aquele minimomento quando o elevador está disponível no meu andar, começo a gerenciar minha energia, o meu estresse. Uma vez um aluno me fez um depoimento que me deixou muito feliz. Ele disse: "Vini, depois dessa dinâmica aprendi que posso ser feliz. Eu descobri que a felicidade não está só nas coisas grandes, mas que ela pode existir nas pequenas também".

A ciência da felicidade já provou: para nos sentirmos felizes, é mais importante aproveitar pequenas experiências com alta frequência do que grandes eventos pontuais. Minimomentos de felicidade todo dia são mais efetivos do que grandes eventos a cada cinco ou dez anos. No entanto, a maioria das pessoas vive em outro modo: "Vou ser feliz quando comprar minha casa", "Vou ser feliz quando me aposentar", "Vou ser feliz quando não tiver mais problemas", "Vou ser feliz na sexta-feira". Ser feliz não pressupõe ausência de problemas, mas, sim, a habilidade de se sentir bem apesar dos problemas. Uma pessoa feliz não tem o melhor de tudo. Uma pessoa feliz é quem torna tudo melhor.

Ser feliz apenas na sexta-feira está na lista?

Anos atrás, por meio do RH da empresa, cheguei à Suzano, a maior produtora global de celulose de eucalipto, além de líder mundial no mercado de papel. Fui contratado para algumas palestras, e me puseram para falar com Walter Schalka, CEO da companhia à época, para que lhe expusesse minha visão sobre o programa de Felicidade Corporativa.

Durante a conversa, perguntei se ele conhecia a hashtag #sextou. "Já ouvi falar", respondeu Schalka, àquela altura com uns quase sessenta anos. "Na sexta-feira, as pessoas postam nas redes sociais #sextou, querendo dizer 'vou ser feliz agora'", explicou. "Sabe qual é o problema dessa brincadeira?", perguntei. Ele disse que não, então fui adiante. "O problema é que as pessoas estão associando felicidade, única e exclusivamente, ao fim de semana, longe do trabalho."

Se a felicidade se resume ao #sextou, inconscientemente elas estão associando trabalho a algo chato, ruim. Felicidade é um grande guarda-chuva. Com certeza, há uma parte dela reservada para o fim de semana de descanso ou curtição. Contudo, é uma parte, não é o todo. De segunda a sexta-feira, não há nada que nos traga felicidade? Com certeza, há. Toda vez que você bate uma meta, que ajuda alguém a se desenvolver, que sente orgulho da empresa em que trabalha, que entrega resultado, você experimenta emoções extremamente positivas. Então, existe uma felicidade que é a felicidade corporativa, desfrutada de segunda a sexta-feira, da qual ninguém está falando. E alguém precisa falar disso.

Foi quando disse a ele: precisamos criar o #segundou. Schalka guardou a ideia, que reapareceu alguns meses mais tarde. A Suzano tem um evento chamado "Suzano e você", uma conversa do presidente com toda a organização. Em um desses encontros, Schalka, um executivo racional, focado em grandes números, apresentou a hashtag #segundou para 35 mil colaboradores. Ele não conhecia bem o conceito de felicidade corporativa, mas percebeu a importância do #segundou e compreendeu que alguém precisa levantar essa bandeira, abraçar essa pauta, disseminar essa narrativa, porque ela é verdadeira e complementa a hashtag #sextou. Não é uma ou outra. São as duas. Porém, a nova geração, que está vendo só o #sextou, terá no inconsciente uma sugestão (equivocada) de que só vai ser feliz fora do trabalho — e isso não necessariamente é verdade.

Durante a nossa primeira conversa, ele mesmo me disse que achava o conceito interessante, mas ponderou: "Não sou essa pessoa que vive a felicidade corporativa. Não tenho muito conhecimento sobre o tema para falar sobre ele". Lembro de ter respondido: "Você não precisa ser essa pessoa, o exemplo, a referência em felicidade. Você foi moldado nos últimos trinta ou quarenta anos por outros conceitos, e eu nem espero que você seja a pessoa que vai fazer a revolução. Mas você tem o poder de colocar a pauta na agenda. Se fizer isso e cobrar dos seus vice-presidentes e dos seus diretores, o programa vai andar".

Os VPs começaram a se envolver, depois os diretores e assim por diante. Esse é o poder da alta liderança. É o que se espera dos líderes do presente, num processo que é evolutivo. Quem está na posição número um das empresas hoje não aprendeu nada sobre felicidade corporativa na faculdade, tampouco tem a sua própria Lista de Felicidade.

PONTOS-CHAVE

- Temos dificuldade em listar muitas coisas que nos fazem felizes. Não nos lembramos daquilo que nos faz bem. Por outro lado, conseguimos facilmente listar duzentas coisas que nos fazem mal e nos preocupam.

- Associamos a felicidade a conquistas grandes, difíceis e demoradas. Devemos aprender a celebrar minimomentos de felicidade. Toda vez que você abraça alguém que ama é um minimomento de felicidade. Sentir o cheiro de casa limpa é um minimomento de felicidade. O aroma do café, uma cerveja, um banho quente num dia frio: são todos minimomentos de felicidade.

- A ciência da felicidade já provou: para nos sentirmos felizes, é muito mais importante aproveitar pequenas experiências com alta frequência do que grandes eventos pontuais.

- Você espera para ser feliz apenas na sexta-feira? Não devia, como fez o CEO que lançou o movimento #segundou.

6
Liderança humanizada

Espalhe amor por onde quer que você vá.
Que ninguém venha até você sem sair mais feliz.

Madre Teresa

FUNDADO EM 1988 PELA FAMÍLIA ERMÍRIO DE MORAES, O BV é hoje o quinto maior banco privado do Brasil, segundo o ranking do Banco Central. Tem em seu DNA a união de uma das maiores instituições financeiras da América Latina, o Banco do Brasil, com um dos maiores conglomerados do mundo, a Votorantim — uma parceria estabelecida em 2009. Atua hoje nos segmentos de pessoas físicas, *investment banking, asset management* e *private banking*.

Falar de felicidade num banco é um marco, algo inimaginável dez ou vinte anos atrás. Não por acaso, uma das primeiras questões na mente da diretora executiva de pessoas e cultura do BV, Ana Paula Tarcia, foi: como trazer esse tema para uma instituição financeira? Sua primeira iniciativa foi fazer um vídeo perguntando aos colaboradores: "O que é felicidade para você?". As pessoas responderam, e seus depoimentos foram registrados. Depois, tive a oportunidade de fazer uma palestra sobre felicidade corporativa no BV. Estávamos em 2018, antes da pandemia.

"Desde sempre, eu dizia 'como sou feliz no meu trabalho'", diz Ana Paula. Mas dá mesmo para ser feliz no mundo corporativo? É o que sempre perguntam.

A executiva quis mostrar que sim e levou a ideia de desenvolver um programa sobre o tema à liderança do banco. A proposta chegou no momento certo. O BV estava no início de uma transformação cultural. O banco começara a trabalhar com felicidade corporativa dois anos antes da covid-19. Quando a pandemia forçou as empresas a dar mais atenção a seus profissionais, o programa do banco já estava pronto — e suas iniciativas abarcavam:

- *Squad* de Felicidade — diferentes profissionais do time da área de pessoas e cultura passaram a se reunir periodicamente com o intuito de repensar benefícios e novas atividades focadas em saúde e bem-estar;
- Workshops de Felicidade — uma iniciativa quinzenal para todo o time, em que os participantes aprendem sobre a ciência da felicidade. Mais de seiscentos colaboradores já participaram;
- Yoga na Cadeira — sessões semanais, trabalhando a atenção e a presença corporal;
- Seu brilho, Nossa história (programa de reconhecimento pelo tempo de casa) — ao completar cinco anos de empresa, o colaborador ganha um dia de folga. Com dez anos, cinco dias de férias. Quando completa quinze anos, tem direito a quinze dias de férias. Se atingir a marca dos vinte anos de BV, tem direito a trinta dias de folga, mais um prêmio financeiro, de 20 mil reais;
- Lugar de Mãe é no BV — o banco passou a recrutar para cargos de liderança mulheres que estão há seis meses ou mais fora do mercado de trabalho porque decidiram focar a maternidade.

Esse último programa me toca profundamente como pai de dois filhos pequenos. Quando vivemos essa experiência na pele, entendemos o quanto a mãe se entrega, se dedica a um desafio enorme. E quão importante é o mundo corporativo ajudar mulheres que tiveram de dar uma pausa em suas carreiras a voltar ao mercado de trabalho criando oportunidades.

"Dá para fazer a diferença para as pessoas, para que as pessoas façam a diferença para os negócios", diz Ana Paula. "Dinheiro é importante para todo mundo, mas ele não precisa vir na frente. E a felicidade não precisa ser o fim. Tem que estar nas pequenas coisas do dia a dia."

Um dos princípios dos programas do BV é o de que cultura e resultado andam juntos. Quando o banco começou o trabalho de cultura corporativa, em 2014, a favorabilidade era de 64% (a favorabilidade é como são chamadas as respostas positivas dos colaboradores nas pesquisas de clima feitas pelo GPTW, que avaliam percepções, sentimentos e opiniões dos funcionários no ambiente organizacional). Em 2018, subiu para 80% e atualmente está em 87% — o que coloca a empresa entre os melhores lugares para se trabalhar no país, segundo o GPTW, e em primeiro lugar no ranking das melhores instituições financeiras nacionais.

Para Ana Paula, a experiência do colaborador deve vir em primeiro lugar. Porque é através dela que a organização vai poder proporcionar uma boa experiência para o cliente. O raciocínio remete à frase de Simon Sinek: "Cem por cento dos clientes são pessoas, 100% dos colaboradores são pessoas. Quem não entende de pessoas não entende de negócios". É uma frase muito atual. Hoje, mais do que nunca, é preciso entender de pessoas para entender de negócios. Antes da pandemia, muita gente que só entendia de negócios e não entendia nada de pessoas conseguia performar bem. No mundo pós-pandemia, quem não entende de pessoas não vai conseguir se manter vivo nos negócios. Profissionais ressignificaram o trabalho. Empresas precisam ressignificá-lo também.

Essa pauta começa pela cultura, que vai impulsionar a transformação. Uma empresa é a somatória das pessoas que ali convivem. E a experiência que temos, de felicidade ou infelicidade, é muito influenciada pelas pessoas com as quais mais convivemos. Citando a célebre frase do autor e palestrante motivacional norte-americano Jim Rohn: "Você é a média das cinco pessoas com quem passa a maior parte do seu tempo".[1]

Por isso, em uma mesma companhia convivem pessoas que amam e que odeiam o ambiente. É gente diferente formando cada grupo. O banco BV tem quase 5 mil colaboradores. Ana Paula sabe que é impossível agradar a 100% dos profissionais. Quando seus dois filhos perguntam o que ela faz no banco, ela responde: "A mamãe faz as pessoas mais felizes". Detalhe: "Não são só os 5 mil colaboradores", diz ela. "São também os familiares, pessoas que também estão conectadas a esses 5 mil funcionários".

O segundo pilar do programa do BV é entender a relevância da área de pessoas na empresa. Qual a potência dessa voz? Quais as suas possibilidades criativas? Quem a apoia? "Você não pode estar sozinho, porque não depende só da área de pessoas", nota Ana Paula. Felicidade corporativa, ressalto, tem de ser um tema de liderança. Não só do RH. "Sem uma liderança preparada, uma liderança que realmente acredita, é difícil", diz ela. Quando há carência de líderes com esse perfil humanizado, a organização tem duas opções: recrutar ou formar. O mais fácil, em tese, é trazer alguém pronto. Na prática, porém, não há ninguém formado. É preciso, portanto, investir em desenvolvimento humano. No processo que tenho desenvolvido, de levar a pauta da felicidade corporativa para as empresas, descobri que há sempre várias pessoas que já gostavam do assunto, mas não tinham voz. A pandemia e suas dores — depressão, burnout, ansiedade — abriram espaço para elas.

Como também já vimos, não é o CEO de hoje que vai praticar 100% dessa pauta. Porém, se ele ou ela abrir espaço para felicidade na agenda da organização e incentivar a formação de pessoas alinhadas com o tema, pavimentará o caminho para que quem entre hoje como estagiário ou trainee seja amanhã o CEO ou a CEO com que sonhamos. Para isso, é preciso identificar referências. Precisamos formar líderes com conhecimento da ciência da felicidade.

Formar profissionais é um desafio importante. Segundo Ana Paula, isso passa por ajudar as pessoas a entender o impacto que podem ter na organização e compreender os valores da organização, bem como os princípios dos quais ela não abre mão. Para ser esse tipo de líder que queremos para o futuro, é preciso ter valores e acreditar em pautas contemporâneas, como a da felicidade corporativa. É preciso fazer o bem porque é o certo a fazer — e porque dá melhores resultados. No longo prazo, esse esforço será recompensado.

Diversidade, transparência e impacto

O tema felicidade corporativa começou a surgir na vida de Carlos Guilherme Nosé no primeiro dia em que ele pisou na FESA Group, uma consultoria brasileira, fundada em 1995, que hoje se define como um ecossistema de soluções on-line e off-line de recursos humanos. Durante seu processo seletivo, ele foi conversar com uma das sócias, que lhe fez uma proposta numa sexta-feira. Nosé disse que pensaria durante o fim de semana e então daria a resposta. Na hora de ir embora do escritório, Alfredo Assumpção, o fundador do grupo, cruzou com a dupla num corredor e já foi logo dando parabéns e boas-vindas a Nosé. A sócia que estava com eles ainda tentou ponderar: "Mas ele não aceitou a proposta ainda". Ao que Assumpção treplicou: "O que é preciso fazer?". Nosé respondeu: "Preciso só refletir se quero consultoria ou quero ir para RH de empresa". Foi quando Assumpção disse a frase decisiva: "Vem pra cá, que aqui você vai ser feliz".

"Aquilo me marcou", afirma Nosé.[2] "Eu nunca tinha ouvido alguém falar que poderia ser feliz num ambiente de trabalho." Ele havia sido indicado por uma amiga que trabalhava na FESA. Ligou para ela ao sair do escritório e perguntou: "Como é esse negócio de felicidade aí dentro?". "É a possibilidade de as pessoas serem no trabalho quem elas são na vida", respondeu ela.

Na sua experiência anterior, em outra consultoria, Nosé havia ouvido a sugestão de que talvez não tivesse perfil de consultor. Hoje, ele acredita que há vários perfis de consultor. Pessoas com uma formação mais técnica; outras com uma formação mais humana. Alguém mais enérgico; alguém mais quieto. Daí a importância de uma cultura organizacional que incentive as pessoas a ser quem elas são. Isso, segundo Nosé, "traz naturalmente uma felicidade, e, estando feliz, você produz melhor, produz mais, e o time como um todo age de uma forma mais impactante".

Uma percepção que, para Nosé, começou mais de vinte anos atrás, em 2002.

Trabalho e vida pessoal

Em 2016, o mercado brasileiro estava numa fase difícil. O processo de impeachment da presidente Dilma Rousseff estava em curso, e a economia, em mau estado. A liderança da FESA precisou dar uma guinada, que implicava diversas mudanças. "Pela primeira vez, não consegui equilibrar trabalho com vida pessoal", conta Nosé, que àquela altura era CEO da consultoria. No meio do processo, em algum momento entre março e abril, a diretora da escola de seus filhos, que tinham então dez e doze anos, o chamou para uma conversa. Sua primeira reação, irritado, quando a esposa o informou da convocação, foi dizer que não tinha tempo.

A contragosto, Nosé agendou a reunião para um dia às sete da manhã. Chegando lá, a diretora lhe disse: "Nós não somos uma escola punitiva. Estamos aqui para ajudar a família, e quero entender o que está acontecendo, porque seus filhos terminaram o ano de 2015 de um jeito e começaram o ano de 2016 de outro. Então alguma coisa na dinâmica da família mudou". Foi um baque. "Foi a primeira vez que eu vi o quanto as nossas ações e os nossos comportamentos impactam tanto o nosso time como a nossa família", diz ele. "Me deu uma crise de choro, porque foi o primeiro momento em que vi que estava fracassando."

Fracassando com a família, porque a empresa começava a dar melhores resultados. Depois de lhe oferecer lenços de papel, acalmá-lo e ouvir a história sobre o *turnaround* em curso, a diretora da escola lhe disse: "Você já contou isso para os seus filhos?". Nosé respondeu: "Não com esse nível de detalhes". Ela, então, recomendou: "Então conte, porque eles precisam saber. Se você não contar, eles vão ficar imaginando que você prefere ficar no trabalho a ficar em casa. E eles já têm idade suficiente para entender o que está acontecendo".

No finzinho da conversa, a diretora lhe fez uma última pergunta: "Quantas pessoas tem a FESA?". Na época, havia cerca de noventa. Ao ouvir isso, ela disse: "Então fala pra eles que o que você está fazendo é pra salvar noventa famílias". Outro baque. "Eu comecei a chorar de novo", conta Nosé.

Desde então, as reflexões da liderança da companhia sobre seu impacto na vida das pessoas vêm dando frutos. Criou-se, por exemplo, uma regra no grupo de que ninguém ganha menos do que dois salários mínimos. Ela se baseia em estudos que mostram que famílias com dois provedores (mãe e pai ou um dos pais e o filho mais velho, por exemplo) que ganhem dois salários mínimos cada estão na classe C e já não passam tanta necessidade. O impacto dos aumentos salariais necessários para cumprir a nova regra foi irrisório para a FESA. "Mas para as pessoas que estão ali nos ajudando e começando a carreira, é um impacto gigantesco", diz Nosé. O aprendizado? "Quanto mais os líderes estiverem conectados com o nível operacional, entendendo que as ações impactam, e impactam muito, melhor será o mundo corporativo."

A viagem da felicidade

Na convenção da virada de ano de 2019 para 2020, o time da FESA estava todo reunido em um hotel, envolvido em atividades de integração. Quando a liderança mostrou os bons resultados do ano e apresentou a meta para 2020, alguns sócios sugeriram, durante um coffee break, que poderia haver um acelerador para atingi-la. Surgiu a ideia de, se batida a meta, realizar a convenção seguinte num lugar diferente. Nosé estava com o CFO, Hugo Lopes, e pediu uma sugestão de destino. Lopes levantou a hipótese de se escolher um lugar fora do Brasil. Algumas pessoas cochicharam: Disney. Ainda durante aquele coffee break, começaram a calcular quanto custaria levar a equipe inteira para lá.

Para cobrir os custos, com alguma gordura, seria preciso aumentar a meta de lucro da companhia — aquela recém-apresentada — em 25%. Quando Nosé voltou do coffee break e anunciou que estava disposto a fazer isso, todo mundo adorou. Ele brinca que o RH odiou, porque acabou com a convenção: todas as outras atividades programadas perderam a graça, porque só se falava em Disney.

Janeiro foi ótimo. Fevereiro foi ótimo. Março estava indo superbem, quando chegou a primeira onda da pandemia. "Nós não caímos", nota Nosé. "O mercado de recrutamento caiu, e a gente continuou estável por dois ou três meses e logo depois voltou a crescer de novo. Mas foi um balde de água fria para a turma." Crescer naquelas condições já era difícil. Atingir a nova meta — o tal acelerador — parecia impossível. Os sócios da holding, então, se reuniram e decidiram eliminar o primeiro semestre de 2020 da mensuração e empurrar a meta pactuada para o segundo semestre daquele ano e o primeiro de 2021. Teoricamente, os doze meses do desafio terminariam em junho de 2021. Deu certo. No fim de maio de 2021, a equipe já tinha batido a meta. A liderança juntou o time todo numa reunião, sem avisar o motivo, e comunicou à empresa inteira — de estagiários ao CEO — que a viagem estava viabilizada. "Foi um momento de êxtase, mágico", lembra Nosé.

Um momento do tipo que marca a vida das pessoas e é algo incrível, genial. Por quê? A empresa já tinha fixado a meta. Com a viagem, incorporava um significado adicional ao desafio, capaz de gerar movimento. "Logo depois da convenção, a gente imprimiu um Mickey em branco e preto, só o contorno, e do lado dele tinha os números de lucro acumulado [a perseguir]. Então, mês a mês, as pessoas iam lá e pintavam o Mickey, como se ele fosse enchendo", lembra Nosé. "Mesmo na pandemia, ia alguém ao escritório, sozinho, e preenchia o Mickey. Todos nós participamos do 'como fazer' e do 'como atingir'."

Esse exemplo mostra que se pode criar um incentivo além da meta para gerar essa vontade, a motivação extra. Outra característica importante dessa história é a flexibilidade de ajuste, a capacidade de entender o contexto. No primeiro semestre de 2020, houve uma pandemia. A empresa abrira a oportunidade de realizar um sonho para aquelas pessoas, mas a covid-19 mudou completamente o cenário. A solução foi considerar doze meses a partir do meio de 2020. Fazia sentido. O que se queria era as pessoas engajadas e, depois, recompensadas. Para muita gente, foi a primeira viagem para fora do país. E isso é o que gera felicidade no trabalho: são momentos, experiências.

Felicidade à brasileira

É importante desfazer a impressão de que só é possível implementar programas de Felicidade Corporativa em grandes multinacionais. A FESA é uma empresa brasileira, com DNA brasileiro, que tem a autonomia e a flexibilidade para fazer acontecer. Basta a liderança colocar o tema na pauta: felicidade e performance são metas que têm de andar juntas. Não devemos escolher uma ou outra, mas uma *e* outra. "Talvez até ajude o fato de ser uma empresa brasileira", cogita Nosé. São cerca de 130 pessoas, um número que se mostrou positivo nos momentos difíceis da pandemia. "Em uma semana de lockdown, a gente tinha cinco cenários: se a receita cair X%, não acontece nada. Se cair tantos por cento, quem são os primeiros impactados? Os sócios da holding. Até a última [hipótese], que era: se a receita cair 70%, aí a gente ia ter que entrar com as medidas do governo, de afastamento", descreve ele.

A liderança teve dúvidas sobre comunicar isso logo na primeira semana, pois parecia um plano catastrófico, e a FESA sempre foi otimista. Contudo, entendeu que as pessoas precisavam ter a segurança de saber o que podia acontecer. Até porque logo começaram a ouvir histórias de várias empresas que estavam demitindo. Quando a liderança comunicou os cinco cenários para a equipe, o feedback que mais ouviu foi "obrigado por ser transparente". No fim, não houve queda na receita.

Nosé tem duas dicas para quem quer implementar um programa de Felicidade Corporativa no seu time ou na sua empresa:

1. Comece buscando consenso na alta liderança. "Escada suja se lava de cima para baixo."
2. Não permita que o projeto seja visto como modismo. "Tem de vir da alma."

Se houver resistência, a sugestão dele é começar com grupos menores. Projetos-piloto, que serão expandidos pelo que ele chama de replicadores dentro da empresa — até porque permitem mensurar o que, de fato, mudou naquela equipe ou região que implementou o projeto. "Se o ótimo é inimigo do bom, então comece com o bom. Depois você chega no ótimo", ensina.

O depoimento de Nosé é consistente com outros que já vimos aqui e que veremos a seguir: a alta liderança tem papel fundamental, porque são muitas as opções no radar de uma empresa, e é preciso priorizar. Quando a alta liderança prioriza a felicidade, facilita muito o caminho.

Ambientes transparentes

Felicidade no trabalho é também a possibilidade de frequentar um ambiente transparente, no qual os indivíduos não precisam "fatiar" sua existência entre família, trabalho e lazer. "Somos seres únicos, indivisíveis", observa Renato Bagnolesi, *managing partner* da FESA. "Se você vai para o trabalho de manhã e sofre um acidente, bate o carro, vai chegar chateado. Não tem como chegar vestindo uma carapuça de alegria."

Essa transparência ao lidar com sentimentos que fluem entre vida pessoal e profissional nos dá contexto. Permite que tenhamos uma ideia melhor de como estão nossos colegas, líderes e subordinados. Se não conheço o contexto, começo a julgar. Se não sei que meu chefe bateu o carro, posso achar que ele está emburrado porque não gosta de mim. O ser humano é ótimo na criação de narrativas, sobretudo de pesadelos. É importante, então, estar próximo, se conectar, gerar ambientes transparentes. No entanto, o que reparo no mundo corporativo? Que não temos espaço na agenda para isso. Porque com o avanço das tecnologias houve uma explosão das demandas: mais clientes, mais informações e um tempo cada vez mais escasso. Por isso, a alta liderança tem o papel fundamental de colocar a pauta na agenda. Do contrário, as pessoas vão deixando o autocuidado para depois. Dizem: "Quando eu tiver tempo, vou cuidar de mim. Mas hoje estou ocupado. Amanhã estarei ocupado. No domingo, vou preparar a agenda de trabalho da semana". Acabam não tendo tempo, não cuidam de si próprias, não se conectam.

Com a pauta da felicidade em mente, precisamos equilibrar demandas pessoais e profissionais. Se deixarmos no piloto automático, não vamos alcançar esse ponto de equilíbrio. Afinal, passamos a maior parte do tempo no trabalho. Dado que vamos trabalhar oito, dez, doze horas por dia, podemos ter uma experiência boa ou uma experiência ruim. Que tal sermos intencionais ao criar melhores relações e conexões? Do outro lado dessa moeda, um dos fatores que causam depressão é o estresse crônico. E vivemos numa sociedade em que o estresse é crônico. Precisamos, então, combater esse problema. Como? Desenvolvendo a capacidade de recarregar nossas baterias.

Será que estamos tendo momentos para recarregar as baterias?

Será que o meu time está colocando esses momentos na agenda?

Na maioria das vezes, estamos de tal forma no piloto automático que não recarregamos as baterias. Mas isso pode mudar.

PONTOS-CHAVE

- A experiência que temos, de felicidade ou infelicidade, é muito influenciada pelas pessoas com as quais mais convivemos. Citando a frase do autor e palestrante motivacional norte-americano Jim Rohn: "Você é a média das cinco pessoas com quem passa a maior parte do seu tempo".

- Um dos pilares do programa de Felicidade Corporativa do banco BV é entender a relevância da área de pessoas na empresa. Qual a potência dessa voz? Como pode ser mais bem ouvida?

- Quando há carência de líderes com perfil humanizado, a organização tem duas opções: recrutar ou formar. O mais fácil, em tese, é trazer alguém pronto. Na prática, porém, não existe ninguém formado. É preciso investir em desenvolvimento humano.

- Ao narrar sua experiência trabalhando com felicidade na consultoria FESA, o CEO Carlos Guilherme Nosé defende começar por dois caminhos: buscar consenso na alta liderança — "escada suja se lava de cima para baixo" — e não permitir que o projeto seja visto como modismo.

- Felicidade no trabalho é também a possibilidade de frequentar um ambiente transparente, em que os indivíduos não precisem fatiar sua existência entre família, trabalho e lazer. Afinal, somos seres únicos, indivisíveis. Se você vai para o trabalho de manhã e sofre um acidente, bate o carro, vai chegar chateado. Não tem como chegar vestindo uma carapuça de alegria.

A felicidade na agenda do CEO

José Galló, presidente executivo e do conselho de administração da Renner (1991-2024)

José Galló imprimiu seu nome na história empresarial do Brasil ao transformar a Renner em uma das maiores varejistas do país. E fez isso construindo uma filosofia de gestão em torno do conceito de encantamento do cliente. O tema felicidade corporativa tem seu papel dentro dessa escola de pensamento — é, de certa forma, a continuidade, para dentro da empresa, dessa visão sobre encantar as pessoas. Para compreender essa conexão, é preciso voltar à gênese do processo.

Nascido e criado em Caxias do Sul, Galló foi o segundo gaúcho a se graduar na FGV de São Paulo, quando a faculdade ainda estava se estabelecendo, nos anos 1970. Veio para se especializar em marketing, mas sua proximidade com o consumidor o acompanhou desde o primeiro estágio. Em mais de quarenta anos de carreira, ele só trabalhou no varejo. Chegou à Renner em 1991, primeiro como consultor, dando início a um processo de recuperação da empresa. A empresa tinha então apenas oito lojas, e o negócio estava passando por sérias dificuldades. Nos primeiros dois anos,*

* "José Galló, que levou a Renner do R$ 1 milhão aos bilhões, deixa a empresa", Mariana Desidério, UOL, 15 mar. 2024. Disponível em: <https://economia.uol.com.br/noticias/redacao/2024/03/15/gallo-renner.htm>.

o processo implicou reposicionar a varejista, do ponto de vista do produto. "Acertando o produto, começamos a gerar caixa. Gerando caixa, conseguimos acertar as lojas. Só depois é que fomos chamar o consumidor", afirma Galló. Já no comando da empresa, ele determinou que o passo seguinte seria deixar claro que princípios e valores passariam a formar a cultura da Renner.

O ano era 1996, e, até então, "propósito" não era um termo corrente no linguajar corporativo. "A gente falava muito da visão da companhia", lembra Galló. "No fundo é a mesma coisa. Quando você elabora a visão de uma empresa, normalmente diz o que ela vai fazer, mas também para quem ela vai fazer. Não acredito numa visão ou num propósito que não tenha a palavra cliente", nota ele.

Naquele momento, na sede da varejista gaúcha em Porto Alegre, os executivos em torno da mesa davam suas contribuições para a "Visão Renner". Um deles disse: "Precisamos satisfazer as necessidades dos consumidores por meio de produtos de moda com preços competitivos e alta qualidade, em ambientes práticos e agradáveis, com excelência na prestação dos serviços". Galló ouviu aquilo e teve um insight: "Será que só satisfazer é suficiente?". Sua mente começou a girar. Houve uma época em que se dizia: "As empresas vencedoras serão aquelas com melhor qualidade". Até que qualidade passou de diferencial a precondição. E satisfação virou a bola da vez. "Será que não vai chegar um momento em que todas as empresas proporcionarão satisfação ao consumidor?", pensou ele.

Era preciso fazer algo mais. Dar ao cliente mais do que ele deseja. Superar suas expectativas. "Com isso, nós vamos encantar o consumidor", comentou Galló. Aí começava todo o desafio de implementar nas lojas o conceito criado naquela sala de reunião. A liderança logo chegou à conclusão de que isso só seria possível se fossem estruturados processos, a serem continuamente repetidos. Até porque o varejo tem como característica um turnover *bastante alto, podendo alcançar 40%. A questão, então, passou a ser: como estruturar processos para que todos recebam treinamento?*

Implantar o encantamento numa empresa é uma jornada que leva tempo. "Nós começamos a ter os primeiros resultados um ano e meio depois", conta Galló. Esse é um alerta importante. Muitas empresas começam um movimento nesse sentido, persistem por seis meses e, como não veem efeitos rápidos, desistem. Há também o risco de conceitos como "encantamento" ficarem restritos a um punhado de líderes. Outra questão, portanto, nas palavras de Galló, é: "Como chegar com isso na ponta?". A primeira determinação foi: "Vamos começar a receber bem os clientes nas nossas lojas". Parece óbvio, mas, em seus quarenta anos de varejo, ele não viu superado o diálogo clássico entre vendedor — "Posso ajudar?" — e consumidor — "Obrigado, estou só dando uma olhadinha". Uma alternativa é ser receptivo. Daí a orientação: "Quando um cliente entrar na Renner, nós só vamos dizer: 'Bom dia! Tudo bem?'". Se a pessoa quiser atendimento, pedirá. Àquela altura, a empresa já dispunha de pesquisas mostrando que o primeiro fator decisivo para fazer um consumidor efetuar uma compra na Renner era a variedade. O segundo era o atendimento. O preço só aparecia em terceiro lugar. "Até hoje, o preço não é tão relevante quando você tem a coleção certa", afirma.

Na época, quando se tratava de atendimento, havia empresas especializadas em treinamentos padronizados. A Renner, porém, resolveu aprofundar a discussão questionando: "O que é um bom atendimento?". Um levantamento com clientes trouxe surpresas. Por exemplo, 54% das consumidoras diziam: "Bom atendimento é me deixar à vontade. É não ter atendimento. Quero entrar na loja não só para comprar, mas por lazer, para me divertir". Por outro lado, é estratégico ter sempre vendedores a postos para ajudar quem não encontra um produto ou precisa de auxílio. "Nós levamos quase um ano para que os vendedores só dissessem 'Bom dia, tudo bem?', 'Boa tarde, tudo bem?'", afirma Galló. "Porque descobrimos que nem na casa delas as pessoas diziam bom-dia." Nessa época, ele ia às inaugurações de lojas e, na véspera, dava uma palestra para todos os colaboradores. Falava durante uma hora sobre princípios e valores. Depois dizia: "Vim aqui para dar autoridade a vocês. Se a Renner criou um problema para um cliente, vocês estão autorizados a pegar dinheiro do caixa para resolver".

Certo dia, pouco depois do início desse movimento, uma senhora entrou na loja da rede no Shopping Iguatemi de Porto Alegre. Tinha ido buscar o smoking do marido que havia deixado para ajustar. Ela apresentou o recibo a Nilson, o supervisor. Ainda estávamos em 1996. O comprovante, porém, era de 1992. Diante do olhar de incredulidade do funcionário, a senhora questionou: "Qual é o problema?". A rigor, eram dois. Primeiro, aquela peça *de vestuário específica não estava mais lá. Segundo, a Renner não vendia mais smokings. O que fez o supervisor? Pegou dinheiro do caixa, foi à concorrência, comprou um smoking e entregou para a senhora. "Era uma época em que nós estávamos recuperando a empresa. A gente economizava clipes e cafezinho", explica Galló. Ele só ficou sabendo do ocorrido quase duas semanas depois e chamou o supervisor para conversar. Nilson teve certeza de que seria demitido. Ao confirmar que havia gastado uma quantia considerável para comprar um smoking esquecido por quatro anos em sua loja, porém, recebeu os parabéns. O encantamento estava começando a funcionar.*

Galló então pediu que, em todas as lojas — na época, pouco mais de vinte —, cada colaborador escrevesse uma história de encantamento. "Nós tínhamos um pequeno grupo, de cinco ou seis pessoas, que escolhia a melhor história de cada loja e a melhor de cada mês", lembra ele. Os responsáveis por elas eram premiados. Com isso, quase trinta anos depois, a Renner tinha, em janeiro de 2025, mais de 980 mil histórias de encantamento escritas. Aos poucos, um padrão ficou claro. Com frequência, o colaborador que encantava um cliente era encantado em retribuição. Ganhava um bombom, uma flor ou, quem sabe, uma foto, com a seguinte explicação: "Eu ia fazer uma viagem de última hora, e você conseguiu fazer o ajuste da peça em duas horas para eu poder levá-la. Olha eu no Nordeste com a roupa que você me vendeu!".

Independentemente de ser um gerente de loja ou a pessoa do crediário, o colaborador da Renner passou a se enxergar como um "encantador de clientes". Este se tornou o grande diferencial da marca da varejista gaúcha. Histórias como a da vendedora que ajudou uma senhora que passara mal numa loja e foi por ela convidada a ir tomar um chá em sua casa são uma forma de reconhecimento especial para pessoas que, muitas vezes, têm uma rotina sofrida. "E tem um detalhe interessante. A felicidade que vem do encantamento contagia. Se transforma numa energia positiva", afirma Galló. "É um processo de retroalimentação. As pessoas felizes vão contribuir para a felicidade dos outros." Para uma empresa de capital aberto, essa corrente do bem termina na felicidade dos investidores. Quando lhe perguntam de quanto tempo ele precisa para dar uma palestra sobre o crescimento da Renner, Galló diz: "Quinze segundos".

Eis o conteúdo, na íntegra: "A Renner cresceu porque encanta clientes".

Ao longo dos seus quase 33 anos na companhia, em vários momentos, Galló se viu, em meio a um planejamento estratégico, olhando para uma frase na parede com o propósito (sim, hoje é assim que se diz) da varejista: "Encantar a todos é a nossa realização". Não se trata de mera obrigação. "Se eu encanto, fico feliz, porque também sou encantado", diz ele. Hoje a Renner tem mais de seiscentas lojas. Tem 22 mil colaboradores. Do Rio Grande do Sul ao Amazonas. Boa parte deles está em contato com o cliente. Seja vendedor ou auxiliar de crédito, segurança ou gerente de loja. Como materializar esse propósito? Como fazer com que seja praticado? Primeiro, com o engajamento da alta liderança. Se o conceito fosse (só) de um estagiário, não haveria encantamento na Renner. Segundo, entregando resultados. Essa é a língua que qualquer acionista controlador compreende.

Logo antes da pandemia, em 2020, junto à divulgação do lucro recorde de 1,1 bilhão de reais, a varejista atingiu o maior valor de mercado da sua história: 43 bilhões de reais — equivalentes a cerca de 8,3 bilhões de dólares, usando a taxa de câmbio média do ano. "Encantamento dá muito dinheiro", observa Galló. "Felicidade dá muito dinheiro."

Uma consequência notável dessa história de sucesso é o quanto a filosofia que ele implantou na Renner acabou se tornando influente para o varejo brasileiro. O discurso em torno do encantamento do cliente tornou-se mantra. "Os melhores resultados virão sempre depois do encantamento." A lógica é simples: "Se você não satisfaz, os resultados são medíocres. Se satisfaz, os resultados são razoáveis. Se encanta, você tem resultados excepcionais", diz Galló.

E a pandemia de covid-19 marcou a evolução da política de encantamento ao cliente de José Galló à jornada no caminho da felicidade corporativa na organização. É o que veremos no próximo capítulo.

7
Colocando a felicidade em prática

Sempre parece impossível até que seja feito.

Nelson Mandela

EIS AQUI UM CONSELHO, talvez o mais importante, para quem pretende iniciar um programa de Felicidade Corporativa: não espere ter todas as condições perfeitas. Geralmente buscamos isso: implementar as ações quando todo o cenário, todo o ambiente, está propício. Só que, se esperarmos pelo momento perfeito, nunca nos sentiremos prontos. E como cada vez mais os desafios de gestão aumentam, é preciso dar o primeiro passo.

O mercado reconhece a urgência de cuidar do bem-estar das pessoas. Na última década, as questões de saúde ligadas ao estresse foram ganhando relevância e visibilidade. Dados de 2023 apontam o Brasil como o segundo país com maior nível de burnout, segundo a ISMA BR.[1] Entre 2014 e 2023, o número de afastamentos por esse motivo cresceu quase 1000% no país.[2] A partir de janeiro de 2022, a síndrome passou a ser considerada doença ocupacional pela Organização Mundial da Saúde (OMS).[3] Com a pandemia, mais organizações e instituições pararam para olhar para essas questões — que afetam a todos, do gestor ao profissional no chão de fábrica. Foram anos de impacto severo na saúde mental e no bem-estar das pessoas,[4] de acordo com a OMS. Só no primeiro ano de pandemia, a prevalência global de ansiedade e depressão aumentou em 25%.[5]

O bem-estar passou a ser visto não apenas como mero benefício, personificado em ambientes de relaxamento no escritório, acesso a apoio psicológico ou a plataformas mais abrangentes de saúde, mas sim como o que os colaboradores esperam de uma empresa.[6] A felicidade corporativa é, de certa forma, uma consequência e uma evolução desse movimento. O maior desafio, contudo, é colocá-la na agenda da empresa de forma estruturada — disponibilizando momentos e experiências para colaboradores estabelecerem conexões e vínculos verdadeiros.

Isso vale inclusive para empresas centenárias, como a Renner. Fundada em 1922, no Rio Grande do Sul, ela é hoje líder no varejo de moda *omnichannel*, segundo o ranking CIELO-SBVC de 2024,[7] e atua como grupo, composto das marcas Renner, Camicado, Youcom, Ashua, Repassa, Realize (de serviços financeiros) e Uello (a *logtech* habilitadora do ecossistema). A pandemia, porém, marca uma evolução da política de encantamento ao cliente de José Galló, no caminho da felicidade corporativa na organização. "Antes nós conversávamos sobre isso, sobre o tema bem-estar, mas não com tanta intensidade", afirma Osmar Bonacina, gerente de saúde da Renner.[8] A pandemia sensibilizou as lideranças, e o tema ganhou dimensão inédita, dada a necessidade que a companhia tinha de acolher as pessoas do time. Em 2021, por meio da Universidade Renner, a empresa começou a desenvolver um trabalho de felicidade corporativa diretamente com os líderes. Muitos profissionais passaram a refletir sobre a possibilidade de criar e aproveitar minimomentos de felicidade. Isso é importante, porque tendemos a adiar a busca da felicidade: para depois da formatura, do primeiro emprego, de uma promoção e assim por diante. Estávamos, entretanto, no meio da pandemia.

Quando conheci a Renner, fiquei muito impressionado com o foco da empresa em encantar clientes. Como vimos, José Galló foi quem implementou essa cultura de engajamento: de superar as expectativas, indo um passo além da satisfação.[9] "Se eu sou o colaborador e estou atendendo um cliente, para que possa encantá-lo, eu preciso estar bem", diz Bonacina. "Preciso estar feliz, sabendo que eu faço aquilo com um propósito. Isso é diferente do sofrimento de um trabalho árduo [feito] simplesmente pela remuneração que você recebe. Ou seja: essa visão, conectada à premissa da felicidade corporativa, foi um *match* poderoso. Em termos práticos, tudo começou na Semana da Saúde organizada pela empresa, com uma palestra na qual sugeri que o processo fosse dividido em três etapas: sensibilização, formação e multiplicação. Os líderes começaram a estudar desde a ciência da felicidade até a gestão das emoções.

O programa começou no Brasil, se expandiu e chegou à China, onde a Renner tem um escritório com 130 pessoas. Lá, os lockdowns durante a pandemia foram estritos. "As pessoas ficaram muito apavoradas, muito ansiosas, muito preocupadas", afirma Bonacina.[10] Lideranças disseram que a empresa precisaria contratar psicólogos e psiquiatras. "Nós dissemos: as pessoas estão em sofrimento porque é um momento diferente. Começamos a fazer rodas de conversa. Todas as quartas-feiras, conversávamos, escutávamos, entendíamos. Eles conseguiam compartilhar suas experiências, e [por meio] dessas experiências todos nós crescemos", conta Bonacina. Assim que a pandemia arrefeceu, promovemos na China uma semana de desenvolvimento de lideranças com os temas "cuidado" e "felicidade corporativa".

Nunca imaginei que um dia estaria falando sobre felicidade corporativa na China — e essa experiência é um case que deixa um ensinamento relevante. "É possível evitar o adoecimento quando a gente abre as portas para ouvir as pessoas", diz Bonacina. Isso é verdade quando a organização está num momento de crise e as pessoas começam a cuidar umas das outras. Quando a liderança mostra que se importa. Isso toca as pessoas. Elas sentem quando estão recebendo um cuidado genuíno. E isso só acontece por meio da liderança, que apoia esse movimento no seu momento inicial. Depois, outras pessoas percebem o impacto e se motivam para participar. Por isso precisamos avançar e conquistar outras lideranças, motivando-as a dar o primeiro passo.

Ao longo de tantos trabalhos, como esse na Renner, percebi que as pessoas têm uma resistência à felicidade corporativa quando não conhecem a ciência da felicidade que a embasa. Não conhecem as pesquisas que têm surgido em número cada vez maior. No pós-pandemia — período marcado por fortes impactos na saúde mental e pela diminuição do bem-estar em escala global —,[11] o tema passou a ser ainda mais estudado. Uma das descobertas mais relevantes nesse sentido foi que pessoas felizes ficam menos doentes.[12] Ficam também mais engajadas e performam melhor. Essa é uma das mensagens que desejo transmitir neste livro. Se você está numa empresa hoje, tem uma oportunidade única de impactar positivamente a vida do colaborador, do time e seu próprio bem-estar.

Cuidado e autocuidado

Durante a pandemia, não foram poucas as pessoas na Renner que perderam pais e mães para a covid-19. Bonacina mandava uma mensagem para cada uma delas, se apresentando como médico da empresa e perguntando: "Como você está?". Certa vez, ainda naquele período, ele estava dando um treinamento para trainees e se encontrou com uma das pessoas que havia perdido um parente para a doença. Ao fim do evento, ela pediu a palavra e contou que aquilo a havia ajudado muito. Para Bonacina, o líder que escuta o seu time já resolve metade dos problemas. Hoje vivemos num mundo de notificações, mensagens de WhatsApp, e-mails, demandas chegando de todos os lados. Então, é muito escassa a atenção das pessoas nesse modo multitarefas. O básico, que é prestar atenção, se importar e ouvir, acaba sendo negligenciado.

Outro fator de alto impacto que as pessoas muitas vezes ignoram é o sono. Dormir bem é fundamental para ter energia, mas cada vez mais estamos dormindo mal, sofrendo de insônia, e muita gente ignora o problema, até que ele afete nosso bem-estar. Muito do trabalho de fundo da felicidade corporativa é lidar com essas questões mais básicas. Cuidar do nível de energia, do sono, das relações, prestar atenção nas pessoas, ouvi-las. Hoje, as pessoas não ouvem bem. Estão tão ocupadas que, no primeiro compromisso do dia, estão pensando na reunião das três da tarde. Desenvolver cuidado e autocuidado como habilidades da próxima geração de lideranças é parte do nosso trabalho e da nossa missão.

Na Renner, há uma reunião diária, às 8h30 da manhã, chamada Ponto de Partida (PP). Dela participam o CEO e seus trinta diretores e gerentes gerais. O encontro começa com uma sessão de *mindfulness* (atenção plena), justamente para que as pessoas consigam estar de fato presentes naquele momento. "Essa tendência de você fazer várias coisas ao mesmo tempo, de achar que não precisa se alimentar direito, que não precisa tomar água direito, que pode dormir cinco horas por dia, é a maior bobagem", enfatiza Bonacina. "Porque no outro dia você vai estar presente no trabalho, mas a sua capacidade produtiva vai estar lá embaixo."

Quem não dorme, além de correr riscos de acidentes, é improdutivo. "Estar conectado não significa estar produzindo", explica Bonacina. "Você está ali presente, mas não está entregando. Então não tem sentido ficar doze, quinze horas [no trabalho], mas entregar o que você entregaria em seis ou sete horas se estivesse feliz, com saúde." Muita gente confunde estar ocupado com ser produtivo. As pessoas foram moldadas para estarem ocupadas, presentes no trabalho o máximo de tempo possível. Há também uma associação entre compromisso e sacrifício. "Se matar de trabalhar" por muito tempo foi uma atitude bem vista. Só que o mundo mudou. A tecnologia nos permite trabalhar 24 horas por dia, sete dias por semana. Logo, precisamos de momentos para recarregar as baterias com mais frequência se quisermos produzir mais.

Quando se olha para atletas de alta performance, de Roger Federer a Lebron James, isso fica evidente. Parte do treino deles é descansar para recuperar a energia.[13] O sono, inclusive, é parte essencial de uma rotina adequada de treinamento.[14] Como o mundo corporativo é habitado por atletas de alta performance da mente, precisamos adotar essa lógica. Quando olhamos para o esporte, vemos profissionais com acompanhamento de nutricionistas, psicólogos e fisiologistas. Eles se cercam de tudo o que é preciso para atingirem sua máxima performance. Executivos e executivas são atletas de alta performance da mente. Têm de estar emocionalmente bem. Têm de estar fisicamente bem. Muita gente tem mentores. Outras buscam capacitação específica. Há quem procure saber mais sobre sono, sobre emoções.

Implantar uma cultura de cuidado numa organização não é trivial. É um projeto de longo prazo, que se desenvolve ao longo do tempo. Precisa ser desdobrado em hábitos tão cotidianos quanto escovar os dentes, sem parar para pensar, como parte da rotina. A Renner tem como meta estar entre os maiores players do mercado no tema de saúde e bem-estar em 2030, com esse olhar impactando seus resultados econômicos, financeiros e de crescimento. Fixar uma meta como essa é algo para poucos. São as empresas que vão ser destaque, que vão atrair os melhores talentos e reter os melhores profissionais.

Conexões na equipe

Vejamos agora o caso do Google, a multinacional norte-americana fundada em 1998 e com atuação no Brasil desde os anos 2000. A empresa é reconhecida mundialmente como uma das melhores para se trabalhar[15] — um sonho profissional para muita gente. No Brasil, tem sua sede em um prédio icônico da Faria Lima, centro financeiro de São Paulo. Quando fui visitá-la pela primeira vez, fiquei genuinamente empolgado. É um ambiente supertecnológico, que convida a tirar fotos à medida que se avança pelos vários andares conectados. Lá você encontra desde a famosa bicicleta do Google até um estúdio de música, um espaço onde as pessoas podem tocar. Tem sala de descompressão e de videogame. Há até uma feirinha, na qual você pode se servir à vontade de frutas, biscoitos, salgados e bebidas. Foi uma alegria e uma realização estar no Google para implementar um projeto de Felicidade Corporativa. Comecei a desenvolvê-lo dentro da diretoria de vendas, justamente quando os doze gerentes dos doze times da área estavam fazendo uma reorganização. Vários gestores mudaram de equipe.

O trabalho, realizado em 2022, foi pautado pela pesquisa de Harvard sobre felicidade, especificamente pelo indicativo da necessidade de cultivar bons relacionamentos. Decidimos fazer um trabalho nas doze equipes com o objetivo de desenvolver relações de qualidade e confiança dentro de cada time (o chamado *team building*). Foi um trabalho interessante, com resultados incríveis.

Ao fim de cada encontro, realizávamos uma pesquisa de ENPS (*Employee Net Promoter Score*) para conhecer o nível de satisfação das pessoas que participaram. Ao longo de todo o programa, 100% dos participantes deram notas nove ou dez. Isso significa, pela metodologia do NPS, 100% de satisfação. Ou seja, todos os profissionais indicariam o programa a outras pessoas.

Separamos os doze times e realizamos um workshop de felicidade corporativa, em que apresentamos inicialmente conceitos da ciência da felicidade como fundamento para embasar o que íamos desenvolver. Usamos a pesquisa do professor Robert Waldinger, de Harvard, que mostra a importância dos relacionamentos de qualidade e confiança para a felicidade.

Passamos, então, para a fase dois, uma enquete para cada um dos times:

De zero a dez, quanto você conhece bem as pessoas do seu time?

As pessoas vão dando as suas notas e surpreendem-se ao descobrir que se conhecem muito pouco. Isso gera um estranhamento: "Trabalho dez, doze horas por dia, cinco dias por semana, 52 semanas por ano, por vários anos, com as mesmas pessoas e não as conheço tão bem. E não é porque não quero, mas porque não tenho oportunidade". Por isso, um dos pilares do nosso programa de Felicidade Corporativa é a percepção de que a felicidade tem de estar na agenda. Precisamos ter uma reunião regular com o objetivo de gerar conexões de qualidade e confiança. No entanto, quando indagamos a respeito nas empresas, descobrimos que isso não existe.

Nesses workshops no Google, tanto os times quanto os gerentes revelaram o desejo de conhecer melhor as pessoas com quem trabalham, por entenderem que isso é importante para a felicidade de cada uma delas, para a felicidade das equipes e para a performance. Logo, colocar uma reunião na agenda cuja pauta seja gerar conexões virou um desejo das lideranças. Mas como fazer isso?

Algumas sugestões:

- Marcar almoço para não falar de trabalho;
- Apresentar a sua vida no começo da formação do time;
- Marcar conversas para saber se as pessoas estão bem.

Durante as atividades no Google, surgiu também a ideia de os times se reunirem uma vez por semana para conversar sobre o que aconteceu de bom, compartilhar conquistas e vitórias.

Na sequência, fazíamos outra pergunta: *O que é conhecer bem alguém?*.

Então as pessoas vão apresentando seus critérios. Para algumas, é conhecer o indivíduo para além do trabalho (a vida pessoal ou os hobbies, por exemplo) ou participar de um happy hour com o time. Para outras, é conhecer melhor a pessoa no próprio trabalho. Não existe certo e errado. O importante é conhecer e entender cada um dos profissionais do seu time. Um dos insights que tivemos veio de um gestor, Fábio Celeri: "Ao fazer essa dinâmica, descobri que, como gerente, me preocupo muito em saber como estão as pessoas, mas nunca conto nada da minha vida". Isso é importante, pois uma relação de qualidade e confiança é uma relação de troca. Eu ouço a pessoa e falo. Preciso contar um pouco da minha vida para gerar conexão. Só ouvir as pessoas não basta.

Esse insight é muito valioso, e passamos a disseminá-lo dentro do Google — a importância de você, como líder, compartilhar com os outros a sua essência, a sua história, além de ouvir e de perguntar. E fazer isso dentro do horário de trabalho, consciente de por que está fazendo.

Então, deixo as seguintes perguntas para pensarmos:

Já pensou em quantas pessoas do seu time você conhece bem?

Com quantas pessoas você tem trocas além do profissional?

Quantas pessoas dentro do seu time você pode dizer que se conhecem bem?

Cinco linguagens do amor

Em uma das atividades do workshop usamos uma ferramenta para melhorar relacionamentos: o conceito das cinco linguagens do amor. Apresentado no livro homônimo de Gary Chapman, ele joga luz sobre as diferentes linguagens que usamos para dar e receber amor e reconhecimento:

1. Palavras de afirmação ("parabéns", "ótimo trabalho");
2. Tempo de qualidade (estar, de fato, presente no tempo passado juntos);
3. Atos de serviço (ajudar, por exemplo, na preparação de uma apresentação);
4. Toque físico (um abraço, um tapinha nas costas);
5. Presente (dar uma lembrança no aniversário ou no Natal).

Esse é um dos conceitos favoritos dos participantes das minhas palestras e treinamentos. Toda vez que proponho essa dinâmica, as pessoas se dedicam a ela, levam a ideia para casa, fazem com a família e trazem depoimentos. As cinco linguagens do amor salvam relacionamentos com cônjuges, pais, amigos, colegas de trabalho e clientes. É uma ferramenta poderosa para, intencionalmente, criar relações de qualidade e confiança. Foi essa dinâmica que fiz com o CFO da Suzano, Marcelo Bacci, na primeira reunião que tivemos. Nessa conversa, descobri que ele tem quatro filhos. Perguntei como era a relação dele com as crianças. "Alguns são mais próximos de mim; outros são um pouco mais distantes", respondeu. Aproveitei a deixa e perguntei: "Você sabia que tem um conceito que transforma relacionamentos?". Como Bacci não sabia, expliquei as cinco linguagens do amor. Pedi, primeiro, que ele fizesse o ranking das linguagens de que mais gosta. Depois, que pensasse em qual era a linguagem do amor de cada um de seus filhos. Ele topou o exercício e começou a tomar notas. Logo percebeu que o filho de quem era mais próximo preferia a linguagem do amor que ele mais usa. O que é mais distante preferia uma linguagem que Bacci não usava. Caiu uma ficha naquele momento para ele.

Então eu lhe disse que, do mesmo jeito que cada filho preferia uma linguagem do amor diferente, provavelmente cada um dos executivos do time que se reportavam diretamente a ele também preferia uma linguagem diferente. E Bacci, como líder, talvez estivesse usando a sua linguagem favorita, ficando mais perto de um do que de outro. Naquele momento, senti que uma chave tinha virado.

Essa é uma maneira estruturada de melhorar relacionamentos que pode ser testada na vida pessoal e replicada no time profissional. Pouco tempo depois, ele me mandou uma mensagem, dizendo: "Quero estudar mais. Me mande livros e referências". Isso despertou em Marcelo Bacci um interesse genuíno pela felicidade corporativa — o que nos permitiu transformar em aliado um cético em potencial, como vimos no capítulo 3.

Fizemos também uma atividade no Google baseada nesse conceito e constatamos que cada pessoa num mesmo time tinha uma linguagem diferente. Para o profissional que gosta de palavras de afirmação, eu, como líder, preciso dizer: "Ótimo trabalho", "Parabéns", "Você está indo bem". Para outro, o importante é tempo de qualidade. Precisamos passar tempo juntos, talvez numa visita a um cliente ou numa apresentação. Há quem prefira atos de serviço. Não adianta passar duas horas com essa pessoa. Mande um e-mail com algo que lhe facilite a vida. Ao entender que cada membro do seu time usa uma linguagem diferente para demonstrar e receber reconhecimento, amor e validação, você começa a prestar atenção e reagir a essas preferências.

Durante o workshop, pedimos às pessoas do Google que aplicassem as cinco linguagens do amor em suas vidas profissionais e pessoais. Um colaborador nos contou que morava com a namorada e costumava ter atritos com ela, que lhe cobrava, por exemplo, que lavasse a louça e fizesse sua parte na arrumação da casa. Um dia, depois de participar da dinâmica, esse profissional chegou em casa e encontrou uma bagunça, louça empilhada na pia e fogão sujo.

"Como aprendi as linguagens do amor", contou o profissional, "em vez de discutir, como sei que atos de serviço são importantes para ela, resolvi lavar a louça. E, já que estava lavando a louça, comecei a preparar o jantar." Quando a namorada chegou em casa, ficou emocionada. "Você não sabe", contou a ele. "Hoje tive um dia horrível no trabalho." Ela recebera um feedback negativo, estava frustrada e fora à academia para desestressar. Chegar em casa, encontrar tudo em ordem e o jantar feito a deixara feliz. Ela devolveu amor a ele, e gerou-se para o casal uma mensagem muito clara: às vezes, temos a oportunidade de, com atitudes simples, recarregar a bateria do outro.

Matriz Energia versus Emoção

Quanto de descanso preciso para recuperar a energia? O que acontece se estiver operando além das minhas reservas? Essas são questões cruciais quando se trata de combinar felicidade e performance. A boa notícia é que há ferramentas que nos ajudam nessa calibragem, como é o caso da Matriz Energia versus Emoção, desenvolvida por Tony Schwartz, fundador do Energy Project, para compreender o impacto das emoções e da energia no desempenho humano. De acordo com essa abordagem, só precisamos ficar de olho em duas variáveis: nível de energia e emoções. A mágica acontece na combinação entre elas. O modelo propõe que nosso estado emocional pode ser analisado a partir de dois eixos: nível de energia (alto ou baixo) e valência emocional (positiva ou negativa). Com essa abordagem, Schwartz destaca a importância da gestão da energia para manter um desempenho sustentável e equilibrado.

Quando há energia alta e emoções positivas, você entra na sua zona de performance. Uma vez lá, você se sente otimista, confiante, enga-

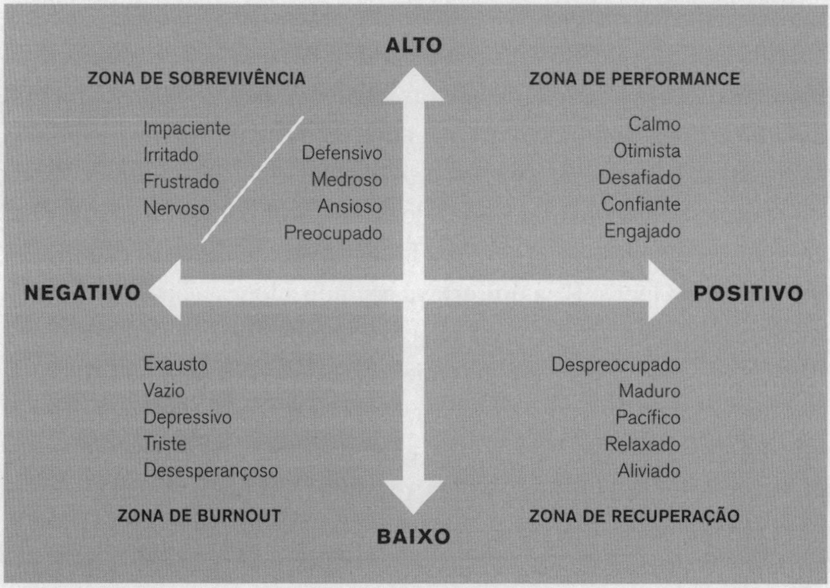

jado. O oposto disso, quando está exausto, sem energia e tomado por emoções negativas, é a zona de burnout. Quando cai nela, você se sente vazio, deprimido, triste, sem esperança. E se estiver com alta energia e emoções negativas? Cairá na zona de sobrevivência e ficará impaciente, frustrado, bravo. Já se estiver com o tanque vazio de energia, mas com emoções positivas, entrará na zona de recuperação: aliviado, relaxado, em paz, mas não performando bem. São sentimentos do nosso cotidiano. Prestando atenção a eles, você começará a entender em que ponto está da Matriz Energia versus Emoção.

Essas zonas (de performance, sobrevivência, burnout e recuperação) são fixas ou móveis?

São zonas móveis.

Nos movimentamos dentro dessa matriz ao longo de meses, semanas ou do mesmo dia?

Dentro do mesmo dia.

Eu, por exemplo, acordo na zona de performance. Leio um e-mail e já estou na zona de sobrevivência. Recebo um feedback negativo e já vou para a zona de burnout. Aí vejo o sorriso de alguém que amo, como meu filho, e vou para a de recuperação. Faço uma venda e retorno para a zona de performance. Se fico oscilando por essa matriz ao longo do dia, alguma coisa está me influenciando. Consciente ou inconscientemente. Para chegar à zona de performance, tenho de fazer algo intencional. Ela não cai do céu. É como a musculatura. Se você não fizer nada, o músculo não cresce. Atrofia. Dentro da matriz, se você não fizer nada, tende a ir para a zona de burnout.

Quando acordo, já começo a consumir energia ao me levantar da cama. Ir para o trabalho consome energia. Tomar decisões consome energia. Trabalhar é resolver problemas. Ler ou ver o noticiário consome energia. São emoções negativas. Precisamos, intencionalmente, ter clareza sobre coisas que nos ajudam a recuperar a energia e nos levam para a zona de performance. Como líder, preciso garantir emoções positivas para meu time e oportunidades para a recarga da bateria de cada um. Este é o meu papel.

Quando entendo essa matriz, consigo exercê-lo de uma maneira mais intencional. Todos temos as mesmas 24 horas. O modo como você aloca seu tempo determina onde você se sente na matriz. Então, essa ferramenta concretiza meu mantra: "Felicidade tem que estar na agenda". Relações de qualidade e confiança ajudam nisso. Por que muita gente diz que está exausta, precisando recarregar as baterias, vai encontrar amigos e fica na rua até as quatro da manhã, batendo papo, se divertindo? Porque era a energia mental que precisava ser recuperada. Cada pessoa recarrega sua bateria de um modo. Fazer esporte recarrega sua bateria? E que tal fazer esporte às cinco da manhã? Não conte comigo, sou noturno. Faço exercício à noite. Vou dormir de madrugada. Não dá para usar a mesma fórmula para todos.

Como recarregar a bateria de uma pessoa extrovertida e a de uma introvertida?

A pessoa extrovertida recarrega a bateria socializando, batendo perna, saindo. No fim de semana, está cheia de compromissos. A pessoa introvertida recarrega a bateria no silêncio, em casa, quietinha. Eu e a Carol, minha esposa, estamos juntos há dezessete anos. No começo do relacionamento, brigávamos no fim de semana. Eu não entendia direito o motivo porque não conhecia a Matriz Energia versus Emoção. Sou uma pessoa que recarrega a bateria socializando, encontrando as pessoas. Então, se estava cansado, no fim da semana o que eu queria fazer? Queria quatro compromissos: churrasco com os amigos, ir ao shopping, ao cinema e encontrar a família. Enchia a agenda, e na segunda-feira estava de tanque cheio. A Carol, minha namorada na época, dizia: "Parece que fui atropelada". Ela não queria sair, precisava ficar em casa, e eu ficava bravo porque não sabia que as pessoas introvertidas recarregam a bateria no silêncio.

Quando entendi a matriz dela, percebi que eu estava sendo egoísta. Naquele ritmo, só eu iria recarregar a bateria. Desde então, a gente alterna. Tem dias em que fico em casa por ela, e vice-versa. Isso funciona com as pessoas que a gente ama e funciona em um time. Tem gente que quer fazer reunião às sete da manhã. Tem gente que não se importa em fazer reunião à noite.

É preciso entender como funciona a matriz de cada um, entender como cada um recarrega a bateria, para colocar todo mundo na zona de performance. O recorte final é a cultura de uma empresa.

Percepção seletiva

Para quando for preciso aumentar a energia e experimentar emoções positivas, tenho mais dois conceitos que ajudam a potencializar o uso da matriz. Um é a "percepção seletiva". O conceito tem raízes na psicologia e na comunicação, sendo influenciado por vários pesquisadores ao longo do tempo. Figuras-chave ajudaram a desenvolvê-lo: William James discutiu a atenção seletiva, enquanto nos anos 1950 Donald Broadbent aprofundou o tema com a teoria do filtro atencional. Já Leon Festinger, por meio da teoria da dissonância cognitiva, mostrou como tendemos a reforçar crenças prévias. No ambiente organizacional, DeWitt Dearborn e Herbert Simon mostraram que gestores interpretam informações conforme suas áreas de atuação, gerando vieses nas tomadas de decisão. Esse conceito é essencial para compreender comportamentos individuais e organizacionais. Ou seja: aquilo que seleciona para prestar atenção você percebe e sente mais. É assim que nosso cérebro funciona.

Outro exemplo pessoal: quando a Carol engravidou, eu saía na rua e via mulheres grávidas em toda parte. Estatisticamente, tinha aumentado o número de gestantes? Não. O que aumentara? A minha percepção seletiva. Quando você decide comprar um carro de uma marca, de uma cor, você sai na rua e só vê esse modelo. Estatisticamente, aumentou o número de carros? Não. O que aumentou? A sua percepção seletiva. Da mesma maneira, se o dia inteiro estou estressado, ansioso, preocupado, consigo ver problemas em todo lugar. Se não prestar atenção àquilo que recarrega a minha bateria, não serei capaz de identificar o problema ou a solução.

Toda vez que vai dormir à noite, você fecha os olhos e se lembra do quê? Das coisas em que prestou atenção o dia inteiro. Provavelmente, das coisas que te preocuparam, te deixaram ansioso. Experimente lembrar-se do que recarregou a sua bateria. Você provavelmente não vai conseguir. Nem sentir. A vida é um caos de informação. É preciso prestar atenção para capturar aquilo que nos faz bem. Treinar a musculatura da percepção seletiva é fundamental para se sentir mais feliz.

Reflita, então, sobre a importância de prestar atenção àquilo que te faz bem, que te traz emoções positivas. Lembra da Lista da Felicidade? É incrível como algo tão simples pode ajudar tanto. Quanto mais itens você adicionar à sua lista, mais clareza terá sobre aquilo que faz bem a você. Quanto mais perguntar para as pessoas que ama o que as deixa felizes, mais você se sentirá bem. Quanto mais colocar momentos bons na agenda, mais será feliz.

Em seguida, vamos adentrar o conceito da proporção da felicidade, descoberto pela psicóloga social Barbara Fredrickson.[16] Você precisa de aproximadamente três emoções positivas para neutralizar cada emoção negativa, o que é assustador.

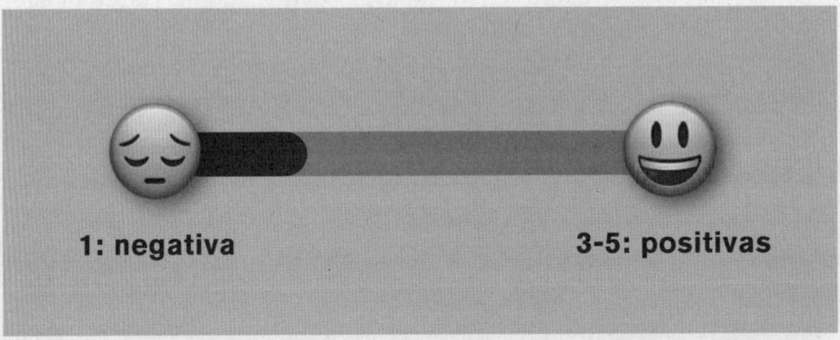

Muitas acreditam que é um para um. Por exemplo: dei uma mancada com a esposa, se fizer uma coisa boa fica tudo bem? Não. Você precisa fazer três coisas boas. Isso vale para marido, filho, cliente. O negativo é como o velcro: gruda. O positivo é como seda: desliza. A ciência da felicidade provou que, para se sentir mais feliz, você precisa de pequenas emoções positivas com frequência. Elas são mais efetivas do que grandes eventos pontuais. Se o negativo é mais forte, o positivo tem de ter uma frequência muito mais alta. Por isso é que a capacidade de experimentar gratidão, de perceber e dar valor ao que de bom nos acontece, ajuda a pessoa a se sentir bem. É diferente de acreditar num mundo cor-de-rosa, o mundo de Poliana. A abordagem que sugiro aqui consiste em entender como o cérebro funciona, aceitar que problemas vão existir e saber capturar as coisas boas que nos fazem bem.

Pesquisadores têm investigado o que significa a experiência da felicidade segundo a perspectiva da neurociência. Esses estudos indicam estratégias que podemos adotar para sermos mais felizes. Atividades físicas regulares, contato com a natureza e uma rotina saudável de sono são exemplos de hábitos que comprovadamente geram felicidade.[17] Viver o momento presente, praticar a resiliência, experimentar coisas novas e acrescentar uma dose de bom humor no dia a dia também são práticas extremamente relevantes para sermos mais felizes.[18]

Três CEOs entram num bar

Se bom humor ajuda, vale relembrar a piada que José Galló me contou quando o conheci. Eu já tinha prestado a consultoria na Renner, mas não tinha estado com ele. A oportunidade surgiu num evento na Fundação Getulio Vargas (FGV). Galló era o palestrante principal. Fui com Lívia Azevedo, diretora de Felicidade da Heineken, assistir à sua ótima apresentação. Ele falou sobre seu livro *O poder do encantamento* e suas visões de negócio. No fim, quando fomos nos apresentar (e Galló soube que Lívia trabalhava na Heineken), ele contou a piada.

Os três presidentes das maiores cervejarias se reúnem para jantar. O CEO da AB InBev pede uma Bud Light. O presidente da mexicana Modelo diz: “Me vê uma Corona”. O último a pedir é o líder da Heineken: “Pra mim, suco de laranja”. Espantados, seus pares à mesa perguntam: “Como assim, suco de laranja?”. Ao que o CEO da Heineken responde: “Ora, se vocês não vão tomar uma boa cerveja, então também não vou”.

Galló contou que Heineken é sua cerveja favorita. Aproveitei, então, para propor a ele uma visita ao escritório da cervejaria, para conhecer Mauricio Giamellaro. Galló topou com entusiasmo, e logo agendamos o papo, aproveitando uma vinda dele a São Paulo. Durante o encontro, ficamos só Galló, Mauricio e eu na sala. Foi uma oportunidade incrível de ver dois CEOs conversando sobre felicidade e encantamento. Galló ainda faria uma palestra para os embaixadores da felicidade da Heineken antes do fim do dia, quando então teria de correr para o aeroporto. Como moro ao lado de Congonhas, de onde partiria seu voo, ofereci carona. Ele aceitou, e batemos um papo sobre a vida, falamos sobre felicidade. Foi um momento único e especial, uma conexão de qualidade.

PONTOS-CHAVE

- Se você pretende iniciar um programa de Felicidade Corporativa, não espere ter todas as condições perfeitas. Geralmente buscamos implementar as ações quando todo o cenário está propício. Só que, se esperarmos o momento perfeito, nunca nos sentiremos prontos. E, como os desafios de gestão só aumentam, é preciso dar o primeiro passo.

- É possível evitar que as pessoas adoeçam quando os gestores abrem as portas para ouvi-las. Isso é especialmente verdadeiro quando a organização está vivendo uma crise, e as pessoas começam a cuidar umas das outras.

- A relação de qualidade e confiança é uma relação de troca. Eu ouço a pessoa e também falo. Devo contar um pouco da minha vida para gerar conexão. Só ouvir não basta.

- Um dos conceitos muito úteis para fortalecer relacionamentos é o das cinco linguagens do amor. Apresentado por Gary Chapman, ele joga luz sobre as diferentes linguagens que usamos para dar e receber amor e reconhecimento: palavras de afirmação, tempo de qualidade, atos de serviço, toque físico e presentes. Ao entender que cada membro do seu time usa uma linguagem diferente para demonstrar e receber reconhecimento e amor, você começa a prestar atenção nisso e reagir a essas preferências.

- Quando dispõe de energia alta e emoções positivas, você entra na sua zona de performance. Como líder, é preciso garantir emoções positivas para o seu time e oportunidades para a recarga da bateria de cada um. É preciso também entender como cada um recarrega a própria bateria, para colocar todo mundo na zona de performance.

- O conceito de proporção da felicidade, descoberto pela psicóloga social Barbara Fredrickson, indica que são necessárias aproximadamente três emoções positivas para neutralizar cada emoção negativa.

8
Os embaixadores da felicidade

*A felicidade é um bem que se multiplica
ao ser dividido.*

Maxwell Maltz

UM APRENDIZADO CRUCIAL, depois de mais de uma década de trabalho dentro de organizações, é que, para uma empresa incorporar uma cultura de felicidade corporativa, as pessoas na ponta precisam aplicá-la. A capacitação da alta liderança é uma das peças-chave de um programa com esse objetivo, mas não é suficiente. No dia a dia, as iniciativas têm de partir também das pessoas do time — que, como regra, não conhecem a ciência da felicidade. Por isso, na minha visão, um pilar fundamental para o sucesso do programa de Felicidade Corporativa da Heineken foi a formação dos chamados embaixadores da felicidade.

A jornada começou com o letramento da liderança. Sempre acreditei, porém, na premissa de que não dá para depender do CEO para fomentar a felicidade na ponta. Não dá para esperar, por exemplo, que a diretora de Felicidade esteja sempre em uma fábrica no Maranhão para fomentar a felicidade das pessoas que trabalham lá. A única maneira de isso acontecer organicamente é fornecer às pessoas do time todo um repertório para agir. Daí veio a ideia de formar pessoas de todos os níveis como *embaixadores*.

A formação começou com dez horas de conteúdo, para que os participantes pudessem aprender os conceitos, ser desafiados a montar os projetos e poder levar felicidade aos colegas. Ou seja, a ideia era aumentar a capilaridade e o impacto do programa, capacitando profissionais de qualquer nível, desde diretores, gerentes e operadores até promotores de vendas e estagiários. Em um dos treinamentos, lembro-me bem de quando uma gerente comentou que os embaixadores têm "um poder mágico": pessoas que não têm um cargo de liderança passam a poder impactar seu ambiente como se fossem líderes. Isso é interessante, porque às vezes a gente não se sente em um lugar de fala que permita contribuir como um líder. Se sou analista ou estagiário, não me sinto apto a impactar, digamos, 10 mil pessoas. Já quando sou um embaixador e posso fazer isso, porque acredito nisso e fui autorizado a fazê-lo, sinto um empoderamento que é uma grata surpresa.

A formação de embaixador é voluntária, e, para nossa surpresa, na Heineken a primeira turma teve duzentas pessoas inscritas; a segunda, 420; e, no fim de 2024, estávamos com 1300 embaixadores da felicidade entre 14 mil funcionários. A meta é que, em 2026, a Heineken tenha mais de 5 mil deles — um objetivo bastante ousado, já que estamos falando de um terço do total de funcionários da empresa.

Para a formação dos embaixadores, desenhamos a capacitação em três blocos:

1. APRENDER: os conceitos de felicidade;
2. PRATICAR: como aplicá-los no dia a dia;
3. MULTIPLICAR: e assim expandir o impacto.

Pense num médico. Uma coisa é a pessoa estudar medicina. Primeiro, ela vai a uma faculdade e se capacita. A segunda etapa é praticar: atender como médico. Ir a uma clínica ou a um hospital e passar os dias atendendo. A terceira é ser professor de novos médicos. Formar outros doutores. A estrutura da formação dos embaixadores segue essas três etapas, e cada pessoa da organização vai estar numa delas. Umas estarão aprendendo; outras, praticando; e algumas, formando outros embaixadores. Um bom exemplo é Sylvio Pourchet, diretor de Canais Especiais da Heineken, que participou da formação de embaixadores da felicidade em 2023 e 2024.

Dentre as várias dinâmicas em que ele se engajou, houve uma em que sugerimos que montasse um programa de Felicidade Corporativa. Pourchet o desenhou, estruturou e implementou para seu time. Até então, os números de engajamento e felicidade de sua equipe não eram bons. Com disciplina, ele foi implementando as ações e fazendo o acompanhamento. No fim de 2024, no encontro de todo o time de *trade*, apresentou os resultados. “A gente bateu noventa pontos [no indicador] de felicidade ao longo do ano. Batemos 94 pontos de engajamento, e é um time de 106 pessoas, incluindo a garotada que trabalha à noite e ainda tem que fazer reunião de manhã, tem que preencher relatório.”

Cinquenta por cento de sua equipe é composta de mulheres. Trinta e um por cento são profissionais pretos e pardos. “Temos 42% de liderança feminina e ainda consegui 21 promoções dentro do meu time.” O discurso de Pourchet nesse encontro de fim de ano teve como mote “cuidar das pessoas que vão cuidar dos números”. Liderança para ele hoje passa por felicidade. A cada fechamento de mês, Pourchet faz uma live para todo o seu time. Nela, a equipe tem dez minutos para falar sobre felicidade — desde um momento para o colaborador preencher a pesquisa interna sobre o tema até uma oportunidade para conhecer melhor os colegas. As pessoas se apresentam, falam da família, de onde vieram, do que gostam de fazer e do que é felicidade para elas. Nesse momento, quase invariavelmente há quem se emocione e chore.

Ouvir o que é felicidade para uma pessoa que você não conhece bem é sempre tocante. Para um, foi ter conseguido um emprego na Heineken. Para outro, é chegar em casa e abraçar os pais. Dar uma vida melhor para os filhos. Ter a oportunidade de viajar, mesmo a trabalho.

Nem toda agenda é positiva. Pourchet se lembra de ter telefonado pelo menos quatro vezes para a dra. Aline, gerente sênior da área médica da companhia, por causa de alguém de sua equipe que estava sofrendo de burnout ou depressão. “O papel do embaixador da felicidade tem de ser muito maior do que só participar de reuniões. Ele tem que, de fato, incorporar a ciência e viver isso”, observa Pourchet. Quando sentiu, por exemplo, que um dos *brand ambassadors* do seu time — profissionais que atuam no campo, ativando marcas e fechando contratos, quatro níveis hierárquicos abaixo do seu — estava mal, ele pegou o telefone e acionou a médica. Em outro caso, o colaborador que não estava se sentindo bem mandou uma mensagem diretamente para Pourchet.

Toda reunião dele começa com a mesma pergunta: "De zero a dez, como você(s) está(ão) se sentindo?". Quem estiver abaixo de sete está automaticamente convidado a lhe mandar uma mensagem. Em algumas situações, uma reunião individual de vinte minutos é suficiente para que as coisas voltem ao normal. Outros casos requerem atenção especializada.

Em um encontro que promoveu com toda a sua liderança para marcar a metade de 2024, Pourchet dividiu a agenda em dois dias. No primeiro, apresentou um compilado de tudo o que a equipe havia feito até então. No segundo, a proposta era trabalhar estratégias para o segundo semestre. Já que ia falar de números, levando a conversa para um território mais árido, ele começou tratando de felicidade. Na abertura do encontro, apresentou vídeos das pessoas que tinham sido promovidas no início do ano, com suas famílias falando sobre elas. Depois explicou por que em sua diretoria se fala tanto sobre felicidade no trabalho — basicamente porque passamos 40% de nossas vidas trabalhando e não faz sentido que sejamos infelizes esse tempo todo. Falou sobre a pesquisa interna a respeito do tema e sobre como ela impacta a pesquisa sobre engajamento. E só então passou para os números do semestre.

É isto que sinto: que os embaixadores conseguem pôr a felicidade na agenda. Se têm uma reunião, instintivamente pensam: "Será que consigo encaixar felicidade nisso?". O fato de já estar participando da reunião permite ao embaixador propor: "E se a gente promovesse um momento de felicidade?". Esse é o papel dos embaixadores. Perguntar-se a cada momento: "Por que não colocar felicidade numa agenda que já tenho?". Não necessariamente criar uma nova reunião, mas aproveitar a oportunidade dada.

Uma vez que há apoio e incentivo do CEO da companhia para que esse assunto seja tratado, e que a liderança já foi letrada e engajada no processo, é a hora de empoderar as demais pessoas. Ter esses embaixadores atuando na ponta, ou seja, usando cada oportunidade cotidiana para colocar o tema felicidade na conversa, é uma garantia de que a pauta será lembrada o tempo todo. Essa é a missão dos embaixadores, que têm licença para levantar a mão e sugerir: "E se a gente colocasse um tempero de felicidade?"; "E se pensarmos além do básico?".

Parece óbvio, mas se não dou um contexto, uma cultura, o apoio da liderança, quantas pessoas levantam a mão para falar em felicidade? Nenhuma. Se o ambiente não é propício, vou ficar quieto, na minha. Em qualquer empresa que não levante a bandeira da felicidade, quem levantar a mão para isso vai ser rechaçado, ridicularizado. Por isso, não se trata de escolher entre formar a liderança ou os embaixadores da felicidade. Para um programa de Felicidade Corporativa funcionar bem, você precisa ter a liderança e os embaixadores da felicidade. Um líder sem o colaborador é ineficiente. O colaborador sem o apoio da liderança não tem força.

Mais engajamento, menos *turnover*

Quando Pourchet chegou à Heineken, em 2021, a área de canais especiais da cervejaria tinha 61% de engajamento e 47% de *turnover* anual. No fim de 2024, ele reportou 94% de engajamento e 8% de *turnover*. Nesse período, o ambiente se tornou mais complexo. "Meu time estava acostumado com uma rotina diferente da que impus", diz Pourchet. Ele exige acompanhamento mais próximo de um leque de números e dados. Promove mais reuniões. Pede mais análises. Além disso, cobra atenção às outras marcas do portfólio da cervejaria no Brasil. "Mesmo assim, por trabalharmos focados em pessoas, propósito, desenvolvimento, hoje tem mais gente querendo entrar na minha área do que querendo sair", diz Pourchet. Parte do segredo, nota ele, é a continuidade do trabalho. "No primeiro ano, fiz o possível para consertar os problemas que a gente tinha. No segundo, botei mais a liderança para trabalhar. E agora, no terceiro, parece que tudo deu supercerto", conta.

Pensando no avanço do programa de embaixadores da felicidade, Pourchet procura capacitar seu time, incentivando gerentes e coordenadores a participar da mesma formação. Sua equipe faz encontros regionais a cada trimestre. Em todos eles há alguma dinâmica relacionada à felicidade. As melhores práticas no fim de 2024 eram as do time Nordeste/Norte (NENO). No encerramento do encontro da regional em novembro desse ano, Raphael Samico, o gerente responsável, realizou uma atividade de felicidade diferente: reviver um costume de muitas escolas, em que os alunos levam o uniforme para os colegas assinarem no último dia de aula, criando uma lembrança que se pode guardar para sempre. Foi um sucesso. A regional de Samico ficou com 100% de engajamento na pesquisa de clima.

Três meses antes, no evento de encerramento do terceiro trimestre, Samico entregara um disco de vinil para cada membro do time. Na capa, uma foto caprichada do colaborador. Na contracapa, fotos da equipe. Na dinâmica proposta, cada um devia colar no lado A todas as suas lembranças boas na Heineken. No lado B, "aqueles momentos não tão legais, que a gente não gosta de ficar lembrando". As pessoas, então, apresentaram aos colegas os dois lados de seus discos. Em seguida, foram convidadas a arrancar as lembranças ruins do lado B, que seria preenchido com reconhecimentos dos pares e do líder. "A atividade durou cinco horas, entrando pela madrugada sem a gente nem perceber", contou.

São gestos como esses que explicam o sucesso obtido em 2024. "A gente nunca vendeu tanto", afirma Pourchet, sem revelar os números porque a Heineken tem capital fechado. "Trazendo propósito, trazendo pertencimento, enaltecendo os resultados, fazendo uma agenda de reuniões individuais com cada um por semana, uma live uma vez por mês com todo o time, com as equipes se reunindo presencialmente para falar de estratégia, os resultados aparecem", diz. "Tudo isso sem ser chato, sem fazer aquela gestão de comando e controle."

Como o embaixador impacta as pessoas

Ao participar do programa de formação de embaixadores da felicidade, um jovem aprendiz da Heineken, Higor Leandro, teve a ideia de montar uma "roleta da felicidade", inspirada num dos programas de Silvio

Santos. Fez isso em sua unidade, e o jogo foi um sucesso, tanto que a ideia foi replicada em várias fábricas pelo Brasil. Assim, um jovem aprendiz, que virou estagiário algum tempo depois, conseguiu impactar mais de mil pessoas. Na mesma lógica de gamificação, Lívia Azevedo, a diretora de Felicidade da Heineken, criou um baralho da felicidade, no qual as 52 cartas viram suporte para conceitos de vários livros, para que as pessoas de todos os times possam jogar. Essas duas iniciativas surgiram porque parte do programa dos embaixadores envolve criar um projeto para exercitar o que se aprende.

Começaram a surgir, assim, muitas ações, das mais simples até as mais complexas. Em muitos casos, são projetos para resolver um problema. Exemplo: perguntar às pessoas do time o que se pode fazer para deixá-las mais felizes. Em uma das empresas em que facilitei esse processo, uma pessoa na operação contou que trabalhava o dia inteiro de pé, do lado de uma máquina. E disse: "Se eu tivesse um banco para sentar, ficaria mais feliz". Outra disse que o bebedouro era longe de sua posição. Um ponto de água mais próximo a deixaria mais feliz.

Na segunda etapa da formação de embaixadores, a grande questão é a seguinte: como você aplica a felicidade corporativa no seu dia a dia? Cada pessoa aplica no que faz. Não quero que você faça como o Mauricio, que é o CEO. Nem como a Lívia, diretora de Felicidade. Quero que você entenda o conceito e aplique na sua área. A formação traz essa provocação. E as pessoas, em geral, nunca pensaram a respeito disso.

Quando resolvem pensar, intencionalmente, coisas incríveis acontecem. Colaboradores criaram uma Banda da Felicidade, que faz shows em eventos da empresa. Se tem uma convenção no Nordeste, lá estará a Banda da Felicidade criada pelos embaixadores. A empresa também gravou uma série de podcasts com histórias de pessoas da companhia. Há belos depoimentos sobre o envolvimento delas no movimento da felicidade corporativa, porque acham o tema importante, porque acreditam nele. É outra forma de disseminar as mensagens dos embaixadores.

Poucas iniciativas, porém, são mais marcantes do que a criação do slogan "Gente feliz brinda mais". Quando falo sobre ele nas palestras que dou em outras empresas, todo mundo adora. É comum que alguém diga: "Precisamos criar um slogan também". Ao conceber uma frase que é fácil de lembrar e remete à essência do produto, sem conotação negativa, a empresa coloca essa agenda diretamente na vida — e nos momentos felizes — das pessoas.

Outra ideia que os embaixadores tiveram foi criar um Painel da Felicidade nas unidades. Ao andar pelos corredores das fábricas, é possível ver nesses painéis fotos dos colaboradores: um posando com a família, outro saltando de paraquedas, um time reunido num happy hour. É a materialização de uma gestão humanizada. Assim como os Espaços de Felicidade. Embaixadores escolhem um lugar da fábrica e montam uma estação de relaxamento, com bancos para descanso num local bonito, enfeitado com capricho. É uma simbologia importante.

No centro de distribuição de Anápolis, em Goiás, embaixadores criaram o chamado Meu Eu. A intenção é falar sobre o eu físico, mental e espiritual, falar sobre você. A área de Digital & Tecnologia preparou um programa audiovisual chamado "Que projeto é esse, D&T?". O intuito é que as pessoas conheçam mais sobre alguns projetos e iniciativas de D&T, de uma maneira leve, simples e sem "tecniquês", em três episódios. Na agenda do time de Blumenau, há um momento de felicidade toda sexta, com tarefas como a elaboração da Lista da Felicidade. Se você trabalha no centro de distribuição de Recife, é possível que receba um mimo (quem sabe um bombom no meio do dia?) entregue por um embaixador. No de Salvador, a semana começa com um "Segundou!" no grupo de WhatsApp e um desafio: "Se felicidade precisa estar na agenda, por que não estar visível e chancelada em todos os lugares do CDA?".

Um grupo de colegas da Heineken Jacareí promoveu uma pedalada até Aparecida, município a cem quilômetros da filial, onde fica o Santuário Nacional de Nossa Senhora Aparecida. Na unidade de Araraquara, o Dia de Felicidade pode terminar, por exemplo, com um campeonato de pebolim. Esse jogo é coisa séria por lá. A Heineken organiza um mundial de pebolim para todas as unidades, e o Brasil já levantou a taça. Um embaixador da felicidade sagrou-se campeão mundial, entre todas as operações da cervejaria, defendendo as cores do Brasil na Holanda. Há também o projeto Tamo Junto em Movimento, muito popular na companhia, focado em corrida.

Resolver problemas gera felicidade

Há duas frases que repito sempre e que você lerá diversas vezes neste livro. A primeira é: felicidade tem que estar na agenda; se não estiver, não tem resultado. A segunda é: resolver problemas gera felicidade. Toda vez que resolvo um problema, gero felicidade e assim me sinto bem. Todo mundo tem problemas e prioridades diferentes. Cada um trabalha numa área, tem um conjunto de habilidades. Pense num problema que, se você resolver, vai melhorar sua vida. Considere alguma coisa que sabe fazer e gosta de fazer. Incentive os profissionais do seu time a fazer o mesmo. Precisamos acreditar na inteligência e no potencial das pessoas. Às vezes somos tentados a dizer a elas o que têm de fazer. No entanto, quando, em vez disso, criamos a oportunidade para que concebam um projeto, elas entendem a lógica ("preciso impactar positivamente a vida das pessoas") e criam alguma coisa a partir dela. Essa é a estrutura que fez o programa da Heineken dar certo.

E isso traz impacto significativo em termos de experiência do funcionário na organização. Vemos o pessoal divulgando suas experiências em redes sociais, o que é importante, porque de início havia muito questionamento no mercado: "Será que isso é genuíno?" ou ainda, "Será que eles estão fazendo isso só por marketing ou as pessoas estão participando?". Hoje temos vários depoimentos, de pessoas do time e de embaixadores, contando como tem sido a experiência.

Um caso bem interessante aconteceu ao vivo numa formação de embaixadores da felicidade da Heineken com um profissional que trabalha na área de compras de uma das fábricas da cervejaria. A pergunta era: Como implementar felicidade corporativa nesse departamento? Numa reflexão em grupo, ele teve um insight: "Faço contratos todos os dias que excluem fornecedores que não estão cumprindo as cláusulas de sustentabilidade da companhia", afirmou ele. "E se eu colocasse uma cláusula questionando: Você cuida do bem-estar e da felicidade dos seus colaboradores?"

Inicialmente, o embaixador incluiu nos contratos uma cláusula que não é restritiva, mas, sim, informativa. É um primeiro passo para mostrar a todo fornecedor qual é a expectativa da Heineken. Assim, você começa a movimentar uma cadeia. Quantas pessoas podem ser impactadas por uma decisão como essa? Esse exemplo é importante porque não é trivial descobrir como uma pessoa que redige contratos pode fomentar a felicidade corporativa. No entanto, com toda essa narrativa e esse contexto, é possível: no fim, ele está levando essa agenda aos stakeholders.

E você? Em que área de sua empresa trabalha?

Que problema pode resolver?

Que tempero de felicidade corporativa poderia colocar naquilo que faz?

Comece pelo mais fácil. Pegue o que você já faz e só coloque o tempero da felicidade.

Nessa jornada da felicidade, você começa a perceber que o impacto gerado vai além do dinheiro. Crenças, valores, relações, o cuidado com as pessoas, tudo isso é influenciado ao se colocar o tema em pauta e na agenda. O mundo corporativo consegue entregar resultado deixando um rastro de sangue no caminho. Destruindo, acabando com as pessoas. Também consegue tolerar pessoas felizes, mas que não entregam resultado.

O desafio que advogo é ter pessoas que entreguem resultados e estejam felizes. Dá mais trabalho, é mais difícil, mas dá para fazer. É possível, e os dados começam a dar respaldo a essa tese. Hoje, como regra, as lideranças não pensam: "Quero ter muito lucro e felicidade". Pensam só em ter muito lucro. A oportunidade agora é criar esta categoria: empresas lucrativas *e* felizes, e mostrar que é possível através dos cases de sucesso. A principal mensagem evangelizadora é unir felicidade e performance.

Não é um ou outro. É um *e* outro.

Já me chamaram a atenção para o fato de que Fabio Barbosa, ex-CEO dos bancos Real e Santander, e hoje no comando da Natura, falava isso lá atrás — só que usando "sustentabilidade" no lugar de "felicidade". Não me lembro de ter sido influenciado diretamente por ele, mas sempre o admirei, e essa pode ser uma mensagem que ele plantou no meu inconsciente. Estive em palestras dele e, quando trabalhei na Robert Wong Consultoria, aproveitei uma visita para tirar uma foto com ele. Lembro de outra frase clássica dele: "O jogo é duro, mas é na bola; não é na canela".

Avaliação de desempenho e felicidade

A Heineken tem um programa voltado para seus *top talents*. Todo ano, os profissionais passam por uma avaliação de desempenho, e os talentos de maior potencial têm acesso ao programa de aceleração de carreira. Um dos embaixadores da felicidade estava ajudando a desenhar a versão 2023 do programa quando me chamou para conversar. "Como a gente pode levar um projeto de felicidade para o programa de *top talents*?", perguntou. Dei a ideia de adicionar ao programa o que chamamos de minicomunidades.

Juntar em grupos de dez os 350 *top talents* da Heineken. Primeiro, para eles se conhecerem, já que vêm de áreas diferentes, em um universo de 14 mil pessoas. Depois, para que as minicomunidades criem projetos para devolver à Heineken um pouco do que estão recebendo. A iniciativa ganhou vida própria. Eles criaram uma competição entre os times para ver quem tem o melhor projeto, quem impacta mais, quem é mais engajado — algo bem em linha com a cultura da cervejaria, em que se gosta de jogar e de competir de maneira sadia. Isso gera mobilização.

Em paralelo, a diretoria de Felicidade criou a Semana da Felicidade, por ocasião do Dia Internacional da Felicidade, em 20 de março. Pedimos aos embaixadores que agissem durante essa semana, criando projetos capazes de impactar os colegas. Cada um na sua área. O diretor da fábrica de Ponta Grossa, no Paraná, gravou um vídeo em que diz que esse é um momento para se lembrar de quem nos faz felizes e que a felicidade começa "com a gente saindo para trabalhar num ambiente seguro". Esse depoimento é importante. Ele é um diretor de fábrica, e, como acabamos de ver, a felicidade na operação passa por resolver problemas. Numa fábrica, isso começa com a meta de acidente zero. Felicidade é segurança.

Depois de falar de casos como esses em uma palestra, um executivo da Vale me disse: "A minha vida inteira, 26 anos de carreira, eu estava aplicando felicidade e não sabia. Trabalho na área de melhoria contínua e sempre fiz isso. Agora que você explicou o conceito, vou levantar essa bandeira". Nunca tinha pensado, mas, sim: melhoria contínua tem tudo a ver com felicidade.

Dentro de uma empresa há várias diretorias, várias lideranças. Alguém vai se sentar na cadeira de destaque em felicidade e performance. Vamos fazer com que seja você, com seu time. É preciso pôr isso na agenda, aprender conceitos e aplicá-los. É uma fórmula simples. Coloque na agenda e mãos à obra.

Uma boa forma de aprender e praticar o aprendizado no dia a dia envolve a Pirâmide da Aprendizagem, também conhecida como cone de retenção. A teoria foi desenvolvida pelo psiquiatra William Glasser e indica que, ao ler, você absorve 10% do conteúdo. Quando você só escuta, o retorno em aprendizagem é de 20%. Leitura e escuta são formas de aprendizagem passiva. O aproveitamento vai aumentando à medida que a aprendizagem se torna ativa: conversar, debater, praticar. Quando você ensina, o retorno é o maior, de 95%.

Considerando essa lógica, um sentimento que me veio é o de que, quando você se torna um embaixador, está ensinando e aplicando, assim atinge quase 100% de aprendizado. Chega ao topo. Então repito: coloque na agenda, aprenda a teoria e pratique. Sempre no espírito do aprendizado contínuo, o chamado *lifelong learning*. Não é uma palestra que vai resolver. É aprender um conceito novo toda semana. E praticá-lo todos os dias.

Mas atenção: não se sobrecarregue nem sobrecarregue os outros: não é preciso criar uma agenda adicional. Em todas as suas reuniões, você já tem interações com as pessoas do time. Que tal aproveitá-las para aprender, ensinar e praticar felicidade? Uma boa dica é começar as reuniões perguntando aos demais como, numa escala de zero a dez, estão se sentindo no dia. Em grupos grandes, você consegue rapidamente saber como está cada um — e não vai dar três tarefas difíceis para quem está se dando nota dois.

Lembro-me de um executivo da Suzano que terminava a semana perguntando ao time, na última reunião da sexta-feira: "O que foi que a gente errou nesta semana?". As pessoas compartilhavam seus erros, voltavam para casa com um gosto amargo na boca e passavam o fim de semana tensas. Então, ele entrou na jornada da felicidade, entendeu a importância das emoções positivas e fez um ajuste. Continuou perguntando o que a equipe tinha errado, mas adicionou uma questão para terminar: "Pessoal, o que foi que a gente acertou na semana?". As pessoas começaram a compartilhar seus acertos, celebrar, reconhecer, ir para casa com um gosto bom na boca, e passar o fim de semana em paz. Parece óbvio, mas as pessoas não fazem isso.

A realidade é que todo líder impacta. Sejam dez, cem ou mil pessoas, a depender do nível em que está. Positiva ou negativamente. A ciência da felicidade pode influenciar a qualidade desse impacto. Um embaixador da felicidade, no fundo, é um embaixador da cultura, que, no fundo, é o que se espera de um líder. Só que a maioria dos líderes hoje não tem essa visão. Então, nossa estratégia é ir capacitando profissionais e gerando resultados, para que um dia, quem sabe, todo líder seja um embaixador da felicidade. Esse é o sonho. Porque se todo líder for um embaixador da felicidade, de fato, teremos criado organizações melhores.

Falando em sonho, lembro de um dia em 2013, bem no começo desta jornada, em que a Carol, minha esposa, me perguntou qual seria um sonho grande em termos de pessoas impactadas pela felicidade corporativa. Na época, eu atendia umas poucas pessoas físicas. Chutei um número que então me parecia grande demais, impossível de alcançar: 10 mil pessoas. Doze anos depois, a soma dos colaboradores das empresas a que já levei meus programas — 66 mil na Vale, 49 mil na Suzano, 14 mil na Heineken, 7 mil na Deloitte, entre tantas outras — passa de 100 mil. O número de embaixadores da felicidade formados ainda é bem menor, mas sonhar grande dá o mesmo trabalho que sonhar pequeno. Então, sonhando muito alto, imagino o dia em que nosso movimento terá formado 1 milhão de embaixadores. E estou trabalhando para isso, mas fica aqui meu convite para que você nos ajude a atingir esse sonho.

PONTOS-CHAVE

- Para uma empresa incorporar uma cultura de felicidade corporativa, as pessoas na ponta precisam aplicá-la. A capacitação da alta liderança é uma das peças-chave de um programa com esse objetivo, mas não basta. No dia a dia, as iniciativas têm de partir também das pessoas do time — é preciso capacitá-las, é preciso transformá-las em embaixadoras da felicidade

- Ser embaixador é uma oportunidade de muitos profissionais, que não têm cargo de gestão e atuam em níveis e áreas distintas, aumentarem o impacto de sua atuação na organização. Ter esses embaixadores atuando na ponta, usando cada oportunidade cotidiana para colocar o tema felicidade na conversa, é uma garantia de que essa pauta será lembrada o tempo todo.

- Em qualquer empresa que não levante a bandeira da felicidade, quem erguer a mão para isso vai ser rechaçado, ridicularizado. Para um programa de Felicidade Corporativa funcionar bem, você precisa ter a liderança e os embaixadores da felicidade. Um líder sem o colaborador é ineficiente. O colaborador sem o apoio da liderança não tem força.

- Resolver problemas gera felicidade. Todo mundo tem problemas e prioridades diferentes. Cada um trabalha numa área, tem um conjunto de habilidades. Pense num problema que, se você resolver, vai melhorar sua vida. Considere alguma coisa que sabe fazer e gosta de fazer. Incentive os profissionais do seu time a fazer o mesmo.

- Um executivo terminava a semana perguntando ao time, na última reunião da sexta-feira: "O que foi que a gente errou nesta semana?". As pessoas compartilhavam seus erros, voltavam para casa com um gosto amargo na boca e passavam o fim de semana tensas. Então, ele entrou na jornada da felicidade, entendeu a importância das emoções positivas e fez um ajuste. Continuou perguntando o que a equipe errara, mas adicionou uma questão para terminar: "Pessoal, o que foi que a gente acertou na semana?".

9
Embaixadores no topo da pirâmide

Não é o mais forte que sobrevive,
nem o mais inteligente, mas o que
melhor se adapta às mudanças.

Charles Darwin

NEM TODAS AS COMPANHIAS ENGAJADAS no movimento da felicidade corporativa optam por um programa formal de desenvolvimento de embaixadores nos vários degraus da pirâmide organizacional. Há casos em que os evangelizadores responsáveis por disseminar essa pauta por toda a companhia são pessoas da alta liderança, que assumem voluntariamente esse papel ao descobrir uma forte afinidade com o tema.

Gabriela Feffer Moll é conselheira da Suzano S/A e vice-presidente da Suzano Holding. Foi *co-sponsor* de Walter Schalka, que era o CEO da Suzano Papel e Celulose à época, no programa de Felicidade Corporativa. Ela atua na empresa desde 2017, quando participou do processo de transformação digital da unidade de Papel e Embalagem. Quando houve a fusão da Suzano com a concorrente direta Fibria, dois anos depois, Gabriela se juntou ao time financeiro, na área de integração.

"Foi aí que comecei a conhecer bastante do que era uma companhia, do que era a outra, de uma maneira bem holística, e comecei a enxergar o que era essa terceira companhia: o melhor dos mundos de cada uma delas", conta.[1] Foi se formando uma nova cultura, um novo jeito de operar, em uma empresa que se tornou líder global. Gabriela, entretanto, olhava para essa gigante e se perguntava: "Só isso basta? Será que a gente não tem a oportunidade de ocupar um espaço que hoje é tão pouco explorado pelas empresas?". Um espaço no qual se mantenha o foco em eficiência, que é um dos valores e diferenciais da Suzano, mas de uma maneira mais humanizada, com olhar individual e coletivo para a felicidade. "Ao mesmo tempo, fui ficando incomodada", afirma ela.

Naquele momento pós-fusão, no qual normalmente se tem de trabalhar muito, Gabriela via as pessoas e questionava: "Será que elas estão felizes aqui? Será que a gente está construindo a companhia dos sonhos?". Até então, a executiva nunca tinha escutado a expressão "felicidade corporativa". Nesse sentido, o movimento começou de forma orgânica. Um dos principais valores que a Suzano carrega desde os tempos de seu fundador, Leon Feffer, traduz-se no lema "Forte e gentil". No pós-fusão, Gabriela se debatia com questionamentos sobre o quanto a empresa estava sendo fiel a esse princípio quando veio a pandemia, um novo momento crítico sob a ótica do bem-estar, da saúde e da qualidade de vida. Foi nessa época que me aproximei da Suzano, lhe apresentei o conceito de felicidade corporativa e tive uma reunião com Schalka.

Uma expressão muito repetida na Suzano é: "Vamos fazer funcionar". Não se trata de um desafio individual, mas de um esforço coletivo, uma visão enraizada na organização desde os tempos de seu fundador. Gabriela representa a quarta geração da família controladora. Leon Feffer fundou a companhia e trabalhou bastante com Max, seu filho. Juntos, desenvolveram o eucalipto como fonte de matéria-prima — o que faz o negócio hoje ser tão sustentável e eficiente. Depois, veio David, da terceira geração, responsável por profissionalizar a empresa. "Ele sabia que não ficaria por muito tempo como CEO e queria ter um compromisso muito grande com os stakeholders", explica Gabriela. Um compromisso com o que hoje se chama ESG — que David resumia na promessa de que a Suzano sairia do século XX melhor do que entrara.

A Suzano já é uma referência mundial de sustentabilidade e tem potencial para ser um *benchmark* em gestão de pessoas, bem-estar e performance. Gabriela acredita que esse é um espaço ainda não ocupado — até por procurar *benchmarks* e ter dificuldade em encontrá-los. Há, sim, ótimas referências em desempenho, e é possível encontrar excelência em gestão de pessoas. O desafio é encontrar (ou, melhor ainda, se tornar) o que ela chama de "empresa ambidestra". Se o avô levou a companhia ao primeiro escalão nacional e o pai, à primeira divisão global, o legado de Gabriela pode ser o de tornar a Suzano referência em felicidade e performance.

Oportunidades de fazer diferente

A trajetória de Leonardo Grimaldi, vice-presidente comercial, começou há mais de vinte anos, quando a Suzano ainda era uma empresa familiar. Ao longo das últimas duas décadas, a companhia foi se profissionalizando, e Grimaldi foi crescendo internamente, desempenhando inúmeras funções, sobretudo dentro das áreas comercial, de marketing e de estratégia.

No fim de 2021, depois de vinte anos ligado ao dia a dia do negócio, ele foi convidado a liderar também a área de Gente e Gestão, uma área global que inclui RH, saúde, segurança e infraestrutura. Grimaldi iria assumir um papel inédito em sua carreira.[2] Encontrar um novo rumo era importante para o executivo, até por uma crença pessoal: "Aquilo que nos trouxe até aqui como líderes em organizações não nos levará ao próximo ciclo. Nós precisaremos ser líderes diferentes". Daí a sua recorrente busca por novas ideias, até um dia conhecer o movimento de felicidade corporativa. "O principal ponto que me fez pensar, estudar, aprender é a reflexão de que a felicidade não é o fim. A felicidade não será somente decorrente do meu sucesso dentro da minha área na organização. Ou do resultado trimestral. Ou do resultado anual da organização", afirma. "A felicidade, na verdade, é o começo." Ele está convencido de que, se cada líder conseguir, no seu dia a dia, ter consciência do que o faz mais feliz e do que faz sua equipe mais feliz, a empresa terá um time mais compromissado, mais criativo, mais colaborativo e mais engajado na busca do sucesso.

A ciência lhe dá razão. Numa metanálise de 225 estudos acadêmicos, Sonja Lyubomirsky, Laura King e Ed Diener descobriram que funcionários felizes têm, em média, uma produtividade 31% superior; suas vendas são 37% maiores; sua criatividade é três vezes maior. Uma pesquisa do já mencionado Shawn Achor revelou que profissionais que pontuam melhor numa métrica de oferta de apoio social a colegas têm 40% mais chances de receber uma promoção no ano seguinte, relatam satisfação profissional significativamente maior e se sentem dez vezes mais engajados em seu emprego do que pessoas que pontuam no quartil mais baixo.

Esse insight foi responsável por uma grande mudança na forma como Grimaldi via a Suzano. Dentro do desafio de seguir sendo um líder inspirador na empresa, ele identifica o movimento da felicidade corporativa como uma das vertentes de seu desenvolvimento profissional. "Foi transformador para a minha vida pessoal, para as minhas relações pessoais."

Efeito multiplicador

Seu primeiro contato com o tema se deu quando a gerência de Saúde, Segurança e Qualidade de Vida lhe apresentou o projeto de um workshop de Felicidade Corporativa para os funcionários. "Não, não, não, não, segura aí, não quero que faça palestra, eu quero aprender sobre o assunto", conta. O workshop a que ele se refere era comigo, eu seria o palestrante. O time de Saúde, Segurança e Qualidade de Vida me chamou para uma reunião com o vice-presidente de Gente e Gestão e avisou: "Você só vai ter de quinze a vinte minutos, então terá de ser bem objetivo". Preocupado, me preparei para um rápido encontro on-line. Mas aqueles vinte minutos viraram uma hora e meia de conversa.

Grimaldi ficou muito interessado pelo assunto e me disse que liderança humanizada era um tema no qual queria mergulhar de cabeça. Ele pediu várias referências para estudar mais. Depois, passamos a nos reunir uma vez por semana por uma hora para ele tirar dúvidas.

Esse processo de capacitação com ele durou seis semanas. O conteúdo que lhe apresentei, muitas pesquisas com base estatística, gerou uma dinâmica interessante. Grimaldi começou a levar aquele conhecimento para outras esferas da organização.

O segundo passo depois do letramento foi aproveitar uma agenda recorrente durante as terças-feiras para tentar alcançar líderes da organização com o tema. Grimaldi ia monitorando as lideranças que mais se identificavam com o movimento, por entender que, se não houvesse uma liderança engajada no programa, tudo aquilo seria um investimento infrutífero. A Suzano é uma empresa muito pragmática, direcionada à entrega de resultados. Logo, a chave para o sucesso do programa era engajar os vice-presidentes e o CEO, bem como traduzir para eles toda a produtividade atrelada a um ambiente mais feliz. A partir desse insight, Grimaldi me disse que iria apresentar o tema aos colegas vice-presidentes e verificar o interesse deles. Dos dez vice-presidentes da época, nove se interessaram e aceitaram prontamente o convite para participar — foi uma surpresa.

Eles passaram a frequentar os encontros às sextas-feiras e se engajaram no movimento, que começou de cima para baixo e teve um efeito cascata. Os vice-presidentes influenciaram os diretores, que influenciaram os gerentes-executivos, que influenciaram os gerentes funcionais e assim sucessivamente, até chegar ao chão das operações nas fábricas e às operações florestais.

Grimaldi se tornou embaixador dessa pauta, estudando e disseminando o que percebeu ser uma tendência de gestão pós-pandemia. Tendência essa que se baseia na ideia, comprovada cientificamente, de que é possível trazer resultados cuidando de pessoas. De que pessoas felizes e saudáveis são mais produtivas e mais engajadas. Isso pode parecer óbvio agora, mas não são todas as lideranças que têm essa clareza. Então, esse é um movimento para trazer clareza: você pode gerar mais resultado com pessoas felizes e saudáveis, atuando por mais tempo na organização.

Falamos em Suzano como uma coisa só, mas é uma empresa na qual convivem várias realidades diferentes — ela tem cerca de 49 mil colaboradores. Há um time que está na área florestal, plantando árvores todos os dias. Há outro na área industrial que não parou um dia sequer durante a pandemia; há o time do escritório. A Suzano tem gente em vários portos do Brasil, em centros de distribuição, escritórios comerciais, células de venda espalhadas país afora. Para Grimaldi, o programa de Felicidade Corporativa precisaria entender as necessidades de cada uma dessas pessoas.

Muitas vezes, a tradução de felicidade dos trabalhadores das operações é distinta daquela que predomina na sede da companhia, em São Paulo. Embora a base muitas vezes seja a mesma (ambiente seguro, confiança nos líderes, liberdade para expressar as demandas e interesse genuíno da liderança por elas), é preciso entender as nuances e propiciar bem-estar a todos. Desde o início, Grimaldi nos pediu que o programa chegasse às operações locais. Quando se fala em felicidade corporativa nessa escala, é inevitável olhar para a pirâmide de Maslow, a teoria criada pelo psicólogo Abraham Maslow na década de 1940, que organiza as necessidades humanas em níveis hierárquicos.[3] Entender que cada grupo tem um nível de necessidade diferente é importante para atender às expectativas.

Como falar de felicidade nesses contextos tão diferentes? O começo de tudo na Suzano foi garantir o atendimento das necessidades básicas de todos — e não subestimar o poder disso. Não somente benefícios, mas também um patamar mínimo de satisfação e de segurança psicológica. Falar em propósito quando não se oferece alimentação de qualidade pode transformar o tema felicidade em piada. E uma das coisas que descobri ao longo dos anos trabalhando com o assunto é que, muitas vezes, falar de felicidade corporativa é falar sobre o óbvio. Só que tendemos a deixar o óbvio de lado. Procuramos soluções disruptivas e negligenciamos o básico. Será que a pessoa está tendo um bom transporte? Será que está tendo relações de qualidade e confiança? Muitas vezes nem conhecemos as dez ou doze pessoas que formam nosso time — e isso é problemático.

Com frequência, as pessoas me dizem: "Adorei esse conceito, mas como levo felicidade corporativa para o pessoal da operação, da fábrica?". Uma fala de um gerente industrial, em meio ao programa na Suzano, ajuda a responder a essa pergunta. Ele contou que, ao introduzir o tema em sua unidade, descobriu que uma providência capaz de trazer muita felicidade para as pessoas era ter dentro da fábrica banheiro e vestiário com nível de shopping center. Como você se sente quando entra num banheiro sujo e fedido? Ninguém fica feliz em um ambiente assim. Então, ter um banheiro limpo e cheiroso, "nível shopping", é uma forma prática de aplicar felicidade no ambiente profissional. Outro diretor, da área florestal, comentou que pessoas de seu time passam diariamente mais de uma hora dentro de um ônibus fretado para chegar à operação. "Ter um assento confortável", me disse esse gerente, "é o que traz felicidade."

A Suzano atendeu a essas e a várias outras demandas do tipo, o que está no espírito do programa. Felicidade corporativa, repito sempre, também é resolver problemas. Todo líder de organização tem um desafio: ouvir e entender as dores das pessoas de seu time e buscar as melhores soluções possíveis. Quando inicia a jornada da felicidade, você começa a perguntar às pessoas: "O que posso fazer para deixar você mais feliz e produzir melhor? O que ajudaria na sua felicidade e sua performance?". O banheiro com nível de shopping center surgiu assim.

Começaram a perguntar nas fábricas da Suzano o que traria felicidade, e um dos pontos foi ter um banheiro limpo. No caso da área florestal, isso implicou a diretoria perguntar para o gerente, que perguntou para o coordenador, que perguntou para o pessoal da ponta. É assim que esse tipo de solução simples e rápida aparece. Se ninguém perguntar, nunca se resolverá um problema que nem mesmo foi identificado. Problemas simples podem ser resolvidos quando se pergunta qual é o problema. Como na Cimed, uma indústria farmacêutica que, ao rever seus custos, reparou numa despesa muito alta com papel higiênico e tratou de entender o porquê daqueles gastos. Identificou-se que o consumo anômalo era nos banheiros femininos. O motivo? Muitas colaboradoras não tinham recursos para comprar absorventes higiênicos e, para passar o dia inteiro na operação, quando estavam menstruadas usavam papel higiênico como paliativo. Ao tomar ciência do problema, a empresa passou a deixar absorventes disponíveis.

É preciso provocar a curiosidade sobre o outro, para além do que ele representa na empresa. "Entender quais são os interesses da pessoa, do que ela gosta, do que não gosta, como prefere ser tratada, chamada.

A gente não pode subestimar essas coisas muito básicas", afirma Luiza Eugenio, gerente de cultura e desenvolvimento à época. E entender também que há diferenças geracionais. Muitos profissionais da geração X foram moldados pelo mantra "trabalho é trabalho". Ser feliz, para eles, seria algo para depois do expediente. Logo, nas reuniões não se pergunta sobre a vida pessoal, porque o foco está em ganhar tempo e terminar o trabalho o quanto antes para ir para casa — que seria o ambiente adequado para se buscar a felicidade.

No Centro de Serviços Compartilhados (CSC) da Suzano, por exemplo, o diretor Carlos Campelo fez um letramento em ciência da felicidade comigo. Em seguida, ofereceu esse conhecimento para as sete gerentes que se reportavam a ele. Ao notar a repercussão positiva, entendeu que todo o CSC deveria ter a oportunidade de participar e estabeleceu que às sextas-feiras, das nove às dez da manhã, haveria uma hora para o programa de Felicidade Corporativa com as equipes dele. Assim rodamos todos os times do CSC, no Brasil todo. Fizemos quatro sessões por time, ao longo de um mês, durante dois anos inteiros.

Campelo foi além. Criou um projeto chamado Transformando Vidas, em que ia às unidades do CSC e levava a minha consultoria e uma outra, chamada Base Colaborativa, para fazer imersões em autoconhecimento. Íamos, por exemplo, à fábrica da Suzano em Imperatriz, no Maranhão, para um intensivo de Felicidade Corporativa com os times locais. Campelo entende que essa formação é poderosa, transforma a vida, e não pode ficar restrita à liderança, na Faria Lima. "Eu, executivo, tenho acesso a isso, mas e a pessoa da portaria?", dizia ele. "Vou fazer para a galera da ponta. Vou fazer para o pessoal da portaria. Se eu, como líder, não colocar isso na agenda, essas pessoas nunca vão ter acesso a um programa como esse. E elas merecem."

Campelo assumiu um Centro de Serviços Compartilhados problemático, do qual os clientes internos se queixavam. Em 2023, ele ganhou prêmio como líder de um dos melhores CSC do Brasil.

Seu colega Aires Galhardo, vice-presidente executivo de Operações de Celulose, Engenharia e Energia, é outro que acredita na pauta. Seu estilo de liderança se baseia em deixar os times livres e confiar muito nos seus líderes, a quem ele só pede três coisas:

- "Não minta para mim";
- "Não me deixe saber mais do que você [sobre o seu negócio]";
- "Não me surpreenda negativamente".

Numa abordagem mais positiva:

- "Diga sempre a verdade";
- "Conheça plenamente o seu negócio, melhor do que qualquer um";
- "Compartilhe os riscos antecipadamente".

É uma tradução do conceito de relações de confiança: "Não vou microgerenciar, não vou perturbar, não vou ficar pressionando, mas não me deixe saber mais do seu negócio que você". Esse estilo de liderança complementa o que desenvolvemos nas dinâmicas e está alinhado à nossa abordagem. Afinal, autonomia com responsabilidade também gera felicidade.

Uma geração "comprada" na felicidade

Marcelo Bacci foi o CFO da Suzano de março de 2014 a novembro de 2024. Como vimos no capítulo 3, ele era visto na empresa como um potencial cético em relação à felicidade corporativa, mas abraçou a pauta e tornou-se embaixador dela.

Sua carreira começou no mercado financeiro, trabalhando em bancos. Depois de fazer um MBA em Stanford, resolveu mudar seu foco de atuação para funções financeiras dentro de empresas. Passou, então, por Promon e Dreyfus antes de assumir seu cargo na Suzano — companhia que, na visão de Bacci, está alinhada a tudo aquilo de que o mundo precisa. Tem uma política de desmatamento zero e trabalha apenas com produtos de base renovável, em sua maioria biodegradáveis e recicláveis.

Um desafio atual da companhia, em termos de gestão, é ter um grande *pipeline* de talentos, trazidos em diferentes estágios de carreira e formados para serem os líderes do futuro. "São pessoas que pensam diferente. Muito diferente de como pensa alguém como eu ou outras pessoas da minha geração", diz Bacci. "A maneira como nós encaramos o trabalho tem sido fortemente influenciada por como pensam os profissionais que estão entrando no mercado." O tema da felicidade corporativa pode ser um aliado na atração dessa geração.

"O profissional de hoje quer a realização profissional de uma maneira muito mais abrangente do que queria o profissional que começou há trinta anos", observa Bacci. "Muito mais que os profissionais do passado, ele precisa de propósito e precisa se sentir bem fazendo o que está fazendo. As pessoas evoluíram no sentido de serem mais integrais. De separar menos aquilo que é a pessoa fora do trabalho do que é a pessoa dentro do trabalho. Os profissionais querem ser felizes não só fora da empresa, mas também dentro dela."

Permissão para ser humano

Fernando Bertolucci é um engenheiro agrônomo mineiro, com mestrado em genética. Trabalha há mais de trinta anos na Suzano e lidera um time de cerca de cem cientistas que fazem desde a seleção de mudas na floresta até o desenvolvimento de produtos, passando pelo cuidado com o solo e a prevenção a pragas e doenças, além de todo o time de sustentabilidade. Quando começou a estudar sobre felicidade, dois livros o marcaram: *Por trás da felicidade*, de Shawn Achor, e *Sincronicidade: O caminho interior da liderança*, de Joseph Jaworski. "Esse livro trata de você fazer uma autorreflexão, tentar se conhecer muito mais. A partir do momento em que se conhece mais, você se abre para o mundo e começa a perceber que o mundo conspira a favor. Muitas vezes você não sente o vento que existe a favor porque está fechado em si mesmo."

Com essas leituras, entendeu que, antes de ser um assunto corporativo, a felicidade tem de fazer sentido para o seu mundo interior. Do contrário, o movimento não será legítimo, não vai soar verdadeiro para as outras pessoas. Não por acaso, um conceito que lhe é caro é a "permissão para ser humano", de Tal Ben-Shahar. Ex-professor de Harvard, onde foi o titular do curso de psicologia positiva mais popular da história, e autor de vários best-sellers, Ben-Shahar foi convidado a palestrar no programa de Felicidade Corporativa da Suzano e relacionou três itens essenciais para que uma pessoa seja feliz.

1. *Permissão para ser humano — ter um espaço para ser você mesmo*
   "Isso você deve procurar para você e proporcionar para os outros", nota Bertolucci. "Se você é um líder, cuidado com o espaço que você propicia para quem está à sua volta. Se estiver trazendo medo, falta de segurança psicológica, aquelas pessoas à sua volta nunca serão verdadeiramente humanas. Você nunca vai ouvir o que muitas vezes precisa ouvir."

2. *Equilíbrio entre estresse e recuperação*
   "Normalmente me dedico muito ao trabalho e acho que aquilo foi uma sacudida para eu pensar um pouquinho em como equilibro todas as dimensões da minha vida", lembra Bertolucci. "Não há nada de errado em você se dedicar profundamente aos desafios que nós temos muitas vezes no mundo corporativo, mas não há nada mais correto também do que equilibrar isso com recuperação."

3. *Senso de propósito*
   "É aquele senso inalcançável, mas que faz você levantar todos os dias, faz você perder o sono à noite às vezes, no bom sentido", afirma Bertolucci.

Esse processo de compartilhar conhecimento é muito importante dentro das organizações, porque a cultura corporativa é a somatória dos comportamentos, das crenças, dos valores, das repetições. Buscar conhecimento, principalmente baseado em ciência, e replicar internamente é transformador. Daí por que repito incansavelmente o meu mantra: felicidade corporativa tem que estar na agenda. Não há como ter resultados se ela não estiver na agenda.

A rigor, a Suzano é a soma dos indivíduos que a compõem, com seus comportamentos, suas experiências e crenças. O problema é que, em ambientes marcados por baixa segurança psicológica, não assumimos alguns "protagonismos de transformação" que poderíamos. Você se inibe e deixa de influenciar positivamente. Outras vezes, você como líder inibe outros, o que é pior ainda. Você cria um espaço onde as pessoas não têm espaço. Por isso, Bertolucci acredita no líder treinador, e não no líder modelador. O primeiro faz com que floresça no outro toda a sua potência. O último cria espelhos, cria liderados à sua imagem e semelhança. "Se quer que as pessoas sejam realmente humanas, você tem que abrir espaço em que elas possam se expressar na sua máxima potência."

Não subestime a importância de influenciar pessoas, mas lembre-se sempre de que é importante começar por você mesmo. Depois, será possível influenciar duas ou três pessoas. Em seguida, dez. Mais tarde, trinta; talvez cem. Lá adiante, mil — ou 35 mil, no caso da Suzano. Bertolucci não acredita em jornadas de transformação realizadas de fora para dentro. Para ele, é preciso primeiro se autotransformar para depois mudar o mundo exterior.

Resultado e bem-estar

Bertolucci é verdadeiramente um embaixador da felicidade corporativa, e isso é muito importante no mundo corporativo. Para que as empresas coloquem esse assunto em pauta, a alta liderança precisa estar envolvida, engajada, debatendo sobre isso. Dentro da diretoria executiva da Suzano, reparei que o convencimento é um processo de conquista, de mobilização de pessoas que se interessem pelo tema. Contudo, a abertura da companhia me impressionou muito.

A Suzano se define como uma startup centenária — uma empresa com um século de história que se comporta com a agilidade de uma novata. E que sabe que isso talvez não seja suficiente para levá-la adiante pelos próximos cem anos. O grande desafio não é adotar uma cultura de felicidade, de segurança psicológica, de humanização das relações. "Falar sobre isso é relativamente fácil. O problema é que muitas vezes as pessoas imaginam que trazer isso significa abrir mão daquilo", afirma Bertolucci. Ou seja, ser menos cuidadoso com resultados. Quando, na realidade, não são objetivos excludentes. "Falta repertório para abraçar este novo mundo, porque o que nos trouxe até aqui é um repertório diferente. E, na verdade, você não vai abrir mão do repertório anterior. Você vai adicionar mais coisas ao seu repertório", explica Bertolucci.

Este é um dos pontos mais importantes deste livro: não se trata de escolher resultado ou bem-estar. Pelo contrário. É um *e* outro. Resultado e boa gestão de pessoas. Se tivermos os dois, o negócio se torna mais sustentável. No pós-pandemia, esta é uma prioridade das empresas: cuidar das pessoas para tê-las por mais tempo. A ciência da felicidade já provou que indivíduos felizes ficam menos doentes, tornam-se mais engajados e performam melhor.

Boa gestão de pessoas é aquela baseada em cuidado, em se importar com as pessoas. No entanto, o que descobrimos no mundo corporativo é que os líderes nem conhecem tão bem os seus liderados. Nunca perguntaram o que os deixa motivados, felizes. Isso não estava na pauta. A arte da liderança está em equilibrar resultados e relações, em acreditar que atingir o próximo resultado será tão mais fácil quanto melhores forem as relações. Ou que o próximo resultado será tão mais difícil quanto piores forem essas relações.

Quando visualizou o potencial do tema da felicidade corporativa, a liderança da companhia decidiu tirá-lo debaixo da área da Qualidade de Vida e colocá-lo sob o guarda-chuva de Cultura — o que significou incorporar o tema à formação da liderança, potencializar o conceito e traduzi-lo em comportamentos do dia a dia. O movimento evoluiu. Hoje está estruturado em torno de oficinas de felicidade, com oito módulos em que se provocam a sensibilização e a experimentação da ciência da felicidade no trabalho. A programa também tem o objetivo de fazer com que as pessoas prestem mais atenção às distintas realidades.

O papel do RH

Marshal Goldsmith, uma das maiores referências em coaching para alta liderança e autor de quarenta livros sobre gestão e liderança, alerta para um erro comum que cometemos ao dizer: "Eu serei feliz quando...". A frase se completa com "for promovido", "comprar aquele carro", qualquer coisa que nos faça ir adiando nosso encontro com a felicidade.[4]

Esse adiamento é muito praticado no mundo corporativo, mas não é porque fizemos isso no passado que precisamos fazer no futuro. A transformação acontece quando percebemos que podemos ser felizes agora. Quando nos permitimos ser humanos e entendemos que uma empresa é feita de pessoas — com suas vulnerabilidades e dificuldades. Quando experimentamos a liderança humanizada e percebemos benefícios como relações melhores, resultados melhores, um clima organizacional melhor. É assim que vamos influenciando positivamente o nosso entorno.

A felicidade corporativa deve permear a cultura da empresa, a liderança e os indivíduos. Na esfera do profissional, está a autorresponsabilidade. Na da liderança, a responsabilidade pelo seu time. A cultura da empresa é a somatória dos comportamentos. O papel do RH é trazer essa pauta para a agenda e provocar as lideranças. "É aquecer essa discussão", afirma Beatriz Olivares, diretora de Gente e Gestão da Suzano. Discussão que tem implicações diretas sobre os desafios de retenção e engajamento de talentos. "Se a pessoa está bem, feliz, realizada, empoderada, num ambiente menos burocrático, a gente entende que isso avança de uma maneira completamente diferente e positiva", diz ela.

Por ser um tema de que todo mundo acha que entende, a discussão sobre felicidade expõe as organizações ao risco de cair na superficialidade, no modismo. Para mitigar tal risco, logo que começou a se aprofundar no assunto, a Suzano foi buscar consultorias especializadas e profissionais que estudam a disciplina e têm técnicas para sensibilizar as lideranças sobre o poder que a felicidade corporativa tem numa organização. A área de RH tinha receio de abordar o tema de forma superficial e acabar caindo no descrédito. Nesse sentido, foi fundamental que se disseminasse pela companhia a crença de que não é preciso escolher performance ou felicidade, outro erro comum. Muitas empresas preferem não falar do tema porque temem que as pessoas trabalhem menos e se desengajem. Porém, quando se vai a fundo no estudo das técnicas e da ciência da felicidade, descobre-se que o ideal é optar por performance *e* felicidade.

Promoção mais feliz

Anos atrás, Beatriz recebeu a notícia de uma promoção de uma maneira muito rápida — de pé numa sala de reuniões, numa conversa de dois minutos com seu líder à época. Aquilo a marcou. "Podia ter sido feito de uma maneira mais empática", pondera ela, "com celebração." Mais recentemente, quando foi promovida e se tornou diretora de Gente e Gestão, experimentou uma outra forma de reconhecimento. Com a Suzano já vivendo esse novo momento, que pede um olhar mais humano para os negócios, com foco na felicidade, ela se viu participando de um dos programas da companhia chamado Gente que Cria um Legado.

Numa espécie de festa surpresa, ela foi levada a uma sala para uma suposta reunião. Lá, encontrou boa parte das pessoas que fizeram parte da sua trajetória dentro da Suzano. Todos juntos, assistiram a um vídeo — narrado por seu marido — com vários depoimentos que reconstruíram sua história desde a faculdade, a chegada à companhia como estagiária e assim por diante. Ao final, entraram seus filhos e seus pais para celebrar a sua conquista. Essa é uma forma de conectar os vários lados do profissional. É uma vida só. Conseguir integrar as duas esferas é importante. Assim como ficou tocada pela homenagem que recebeu no dia da sua promoção, Beatriz tem se esforçado para criar experiências marcantes para os membros de sua equipe.

Momentos como o que ela viveu quando assumiu a diretoria de Gente e Gestão são o que chamo de "janela de oportunidade". Toda vez que entramos numa nova escola ou na faculdade pela primeira vez, temos uma janela de oportunidade. Estamos abertos, por dois ou três meses, para conhecer as pessoas. Ver em quem confiamos. Entender qual é a nossa turma. Depois, nos fechamos e passamos os anos seguintes com nossa turma — os outros são só conhecidos.

A mesma lógica vale para empregos, com uma diferença importante. Na faculdade, todas as pessoas entram no mesmo momento na janela de oportunidade. No trabalho, não. Se a liderança não organiza momentos de conexão, muitas pessoas que estão no time nunca se sentirão parte dele — e nunca darão seu máximo ao lado de quem mal conhecem. Organizar esses momentos de conexão é algo muito simples, básico até, mas muito eficiente. Basta dedicar tempo. Criar janelas de oportunidade por uns dois ou três meses para construir equipes que vão performar bem por três ou quatro anos. Como pontua Beatriz, ninguém quer se inspirar em uma liderança que odeie o trabalho, que esteja infeliz.

PONTOS-CHAVE

- A arte da liderança está em equilibrar resultados e relações. Atingir o próximo resultado será mais fácil se as relações forem melhores.

- Muitas vezes, a noção de felicidade dos trabalhadores das operações é distinta daquela que predomina na sede. Embora a base muitas vezes seja a mesma (ambiente seguro, confiança nos líderes, liberdade para expressar as demandas e interesse genuíno da liderança por elas), é preciso entender as nuances e propiciar bem-estar a todos.

- Como falar de felicidade nesses contextos tão diferentes? O começo de tudo é garantir que as necessidades básicas de todos sejam atendidas — e não subestimar o poder disso. Tendemos a deixar o óbvio de lado. Procuramos soluções disruptivas e negligenciamos o básico.

- Tal Ben-Shahar, ex-professor de Harvard e titular do curso de psicologia positiva mais popular da história, defende a "permissão para ser humano", que inclui três elementos: permissão para você ser você mesmo, equilíbrio entre estresse e recuperação e senso de propósito.

- Marshal Goldsmith, uma das maiores referências em coaching para alta liderança, alerta para um erro comum que cometemos ao dizer: "Eu serei feliz quando...". Esse adiamento é muito praticado no mundo corporativo, mas não é porque fizemos isso no passado que precisamos fazer no futuro.

10
Felicidade com arrojo

Milhares de velas podem ser acesas
a partir de uma única vela,
e a vida da vela não será encurtada.
A felicidade nunca diminui ao ser compartilhada.

Buda

CEO DA DELOITTE NO BRASIL de 2016 a 2024, Altair Rossato imprimiu um estilo de liderança e comunicação que passou a incluir, em seu vocabulário, palavras como: "sonhos", "paixão" e "felicidade". Era uma novidade para um executivo que vinha da área de auditoria — visto como "folgado" por uns e "arrojado" por outros, e também para uma empresa que havia alguns anos tinha na felicidade um tema-tabu, como ele mesmo define.[1]

Levar essa agenda para dentro de uma empresa não é algo trivial. Por um bom tempo, a tática de Altair foi a de buscar momentos específicos para avançar a pauta. Até que o que parecia supérfluo se revelou essencial. A pandemia forçou as empresas a acelerar e estruturar programas e, para Altair, a felicidade corporativa entrou na agenda da mesma forma que a digitalização forçada abriu espaço para formas de trabalho mais flexíveis e remotas. O que era para ser feito em dez anos foi feito em um: 2020. Altair começou, então, a estruturar um programa de Felicidade naquele ano, formalizando ao lado da executiva Dani Plesnik as práticas que vinha costurando nos anos anteriores.

Primeiro, ele defende, você sensibiliza as pessoas: diz a elas que elas podem sentir o que estão sentindo, que está tudo bem. Depois, começa a capacitar as pessoas para esse tema — trazendo dados robustos sobre o resultado da felicidade. "Companhias com fins lucrativos buscam resultado, e resultado inteligente é o que deixa as pessoas equilibradas e felizes", afirma. A terceira e última onda é a da multiplicação. Como CEO da Deloitte, Altair usava seu acesso a 7 mil pessoas da companhia para multiplicar esses conceitos, mostrando, na prática, sem falar muito, o que lhe traz felicidade. O executivo gosta de falar que é preciso "arrojo", uma inspiração que chega até ele por meio das palavras do escritor e filósofo paraibano Ariano Suassuna: "Sonho é que leva a gente para a frente. Se a gente for seguir a razão, fica aquietado, acomodado".

A palavra "arrojo" não surge aqui por acaso. Ter CEOs com a coragem de colocar na pauta organizacional o principal objetivo da vida, que é a felicidade, é transformador. Altair se tornou um embaixador do tema e fez algo fundamental: trouxe pessoas com perfil semelhante para posições estratégicas na empresa. Como a própria Dani Plesnik, vinda dos Estados Unidos, onde atuava na área de *Tax*. "Ela não tinha expertise na área de *Talent*, de gestão de talentos, mas praticava a sua atividade genuína de acolher as pessoas."

Como estruturar, aprovar e rodar o programa

Quando se trata de tradição e abrangência geográfica, a Deloitte tem bem poucas rivais. Fundada em 1845, em Londres, essa multinacional do ramo de auditoria e consultoria atua hoje em mais de 150 países e está no Brasil desde 1911. Emprega por aqui 7 mil profissionais e tem 250 sócios. Quando a empresa me procurou, havia em sua diretoria de *Talent* três simpatizantes do tema felicidade corporativa — Dani Plesnik, Bruna Rosan e Elizabeth Almeida — querendo disseminar essa pauta pela companhia. Apresentei-lhes os conceitos da ciência da felicidade. Elas se entusiasmaram, mas ponderaram que, no processo decisório típico das grandes firmas do ramo, para se iniciar um movimento em grande escala é preciso ter a aprovação de vários sócios.

O que o RH tinha autonomia para fazer por conta própria era um projeto-piloto. Dani recrutou, então, cinco sócios e alguns gerentes de outras áreas, formando uma turma de cerca de vinte pessoas para a fase de testes, que durou três meses. Os participantes gostaram, e essa diretoria levou o projeto para um comitê multissetorial. A Deloitte tem cinco negócios diferentes — Auditoria, Consultoria Empresarial, *Financial Advisory*, *Risk Advisory* e Consultoria Tributária —, e cada negócio tem um sócio responsável pela área de *Talent*. Ou seja, dentre os sócios envolvidos em cada operação, um é responsável por recursos humanos. A diretoria de *Talent* é transversal, atua como prestadora de serviço para as unidades de negócio. Aos poucos, fomos cascateando o programa para todos os níveis hierárquicos, de assistente a sócio. Havia encontros on-line todas as quintas-feiras com agenda 100% dedicada à felicidade. Cada sócio ia organizando a agenda e definindo com que frequência a sua equipe participava.

No início de nosso programa, os sócios — e as pessoas do RH diretamente envolvidas — tiveram oportunidade de experimentar na prática alguns conceitos da ciência da felicidade. Muitos levaram ensinamentos para casa. Dani Plesnik, por exemplo, participou da dinâmica da Lista da Felicidade, em que, como vimos, o desafio é chegar a cem coisas que nos fazem felizes. "Cheguei a 120 sem dificuldade, porque minha lista tinha muitos itens simples, como um quindim, meu doce preferido", contou Dani.[2] "O meu problema, que percebi naquela dinâmica, envolvia o fato de fazer mais de quinze dias que não praticava nenhum item da lista. Estava operando no piloto automático, cumprindo tarefas profissionais, familiares e domésticas sem parar para pensar. Quando é que eu estava colocando os meus itens na agenda?", questionou-se. Desde então, Dani tem um acordo consigo mesma. Sempre que vai ter de se dedicar a uma tarefa que lhe drena energia, ela trata de agendar na sequência algo que vai lhe trazer felicidade, como forma de compensar aquele sentimento negativo. Seu aprendizado sobre a ciência da felicidade lhe rendeu o que chama de "caixa de ferramentas", tirando dela, no dia a dia, itens que fazem a diferença para seu bem-estar e o das pessoas à sua volta.

Do mesmo modo, deu aos sócios que participaram do programa muitas ideias para liderar de modo diferente. Quando muitas outras pessoas no trabalho também têm suas caixas de ferramentas, e a organização está determinada a provocar minimomentos de recarga emocional, cria-se um círculo virtuoso. Podem ser cinco minutos para ouvir uma música. Dez minutos para ter uma conversa. Trinta minutos para uma atividade agradável em grupo. O objetivo é abandonar o estresse e partir reenergizado para a próxima atividade do dia.

Adquirir conhecimento é a parte 1 do desafio de se trabalhar com felicidade. A parte 2 é implementá-lo. Dani admite que teve dúvidas quando chegou a hora de passar do estudo à ação: "Será que isso é aplicável em uma empresa com 7 mil pessoas?", pensou. Na primeira etapa, executada de junho de 2021 a março de 2022, o programa de Felicidade Corporativa na organização envolveu 4420 profissionais, englobou 191 encontros e totalizou 305 horas dedicadas ao tema. O resultado seria mensurado a partir de duas métricas: a pesquisa do GPTW, que elege as melhores empresas para se trabalhar, e a do Global Talent Experience, que é uma pesquisa interna das unidades da Deloitte espalhadas pelo mundo. "Nosso percentual de favorabilidade aumentou significativamente", afirma Dani. Em uma dimensão em especial, a Deloitte Brasil deu um salto de dez pontos percentuais de um ano para o outro: segurança psicológica. O termo foi cunhado pela professora Amy Edmondson,[3] da Harvard Business School, a partir de seus estudos de 1999 sobre a taxa de erros cometidos por equipes médicas. Edmondson descobriu que os grupos que tinham uma cultura aberta à admissão de erros obtinham melhores resultados. Toda empresa que me aborda hoje quer colocar a segurança psicológica na pauta.

Logo, aumentar a segurança psicológica foi uma das conquistas da primeira etapa do programa na Deloitte. A outra foi ter ficado em primeiro lugar no Global Talent Experience em 2021.

Gerar boas conexões é parte do trabalho

A área de gestão de talentos vem migrando sua atenção — desde antes da pandemia, mas o movimento foi acelerado por ela — para a humanização das relações no trabalho. A área passa por ciclos que incrementam uns aos outros. Primeiro, houve um foco em diversidade e inclusão. Um segundo ciclo, combinado com o anterior, teve foco em ESG, ou seja, em uma economia mais sustentável. E um terceiro mirou em relações humanas sustentáveis. Para muitos clientes que atendo, o programa de Felicidade Corporativa funciona como um agregador de vários programas. É um fio que une todas as telas.

Dois casos ocorridos nas oficinas de felicidade que realizamos na Deloitte me chamaram a atenção. Como sempre lembro, o fator que mais contribui para a felicidade são as relações de qualidade e confiança. Com esse dado em mente, Jônatas Barcelos, um sócio da Deloitte na região Nordeste, estava participando com seu time de uma dinâmica chamada "Cinco Formas de Conexão". A ideia era que as pessoas fossem estimuladas a compreender e aplicar o conceito: comer juntas, beber juntas, aprender juntas, se divertir juntas e sofrer juntas. Dessa interação é que costuma surgir minha pergunta recorrente: quantas relações de qualidade e confiança você tem no seu time?

Os resultados da dinâmica de Barcelos foram baixos. Sugeri, então, que cada integrante marcasse três cafés virtuais com suas equipes. A recomendação era reservar meia hora para ouvir a história de vida daquele colega e contar a sua. Jônatas marcou o primeiro. Marcou o segundo. Quando voltou, me disse: "Foi incrível. Quero marcar com todo o meu time". E marcou quarenta cafés. Pediu para a secretária ir agendando meia hora por semana, durante quase um ano. Isso traduziu para os envolvidos o que havíamos conversado sobre relações de qualidade e confiança. Transformou em prática o que era conceitual: a importância de gerar conexões e as cinco formas de fazer isso. Muito da implementação do programa de Felicidade Corporativa tem a ver com criar ritos e rotinas nas agendas corporativas.

Jônatas se engajou numa ação que qualquer um pode executar, algo tão simples como convidar um colega para um café; daí viu o impacto que isso gerou e ficou encantado. Quando um líder adota uma prática como essa, as pessoas sentem abertura para fazer o mesmo. Do contrário, podem pensar: "Se meu chefe me vê aqui às duas horas da tarde tomando café com um colega, vai me mandar trabalhar". Só que gerar conexões é parte do trabalho. Construir boas relações traz felicidade — e é útil na hora de resolver problemas. Resultado? Além de Jônatas ter marcado cafés com seu time, as pessoas da equipe agendaram cafés entre si, o que gerou um aumento da conexão entre colegas.

Felicidade corporativa deve ser algo quantitativo. Se contra fatos não há argumentos, é preciso apresentar números inquestionáveis. Então, vamos fazer uma conta simples. Se quarenta pessoas marcaram no mínimo três cafés cada, são 120 conexões criadas dentro do time. Ora, o que é melhor? Trabalhar em um time com zero conexões entre as pessoas ou com 120 conexões? Isso é fazer e dizer o óbvio, e, como já mencionei, o óbvio precisa ser dito. Tem de estar na agenda.

O segundo caso que me chamou atenção durante esse programa ocorreu em outra dinâmica, dessa vez sobre as cinco linguagens do amor. Além de pedir aos participantes que fizessem o ranking das linguagens de que mais gostam, propus uma lição de casa: escolha três pessoas importantes para você e repita com elas a atividade. Uma sócia de São Paulo me disse que faria com a mãe e estava certa de que não iria errar. Na semana seguinte, ela voltou e me disse: "Errei. Apostei em 'presentes' para o primeiro lugar do ranking dela e descobri que é o segundo item da lista. O primeiro é toque físico. Minha mãe gosta de se sentir abraçada". Isso é importante, porque felicidade também é falar a linguagem da pessoa. Imagine descobrir depois de 47 anos que você se relacionou a vida toda com a sua mãe usando a linguagem errada para ela. Isso muda a forma como você se comporta com as pessoas.

Na Deloitte, quando se inicia o relacionamento com um cliente, aplica-se um teste chamado "*Business Chemistry*", que tem uma correlação com as cinco linguagens do amor. A lógica é a mesma: não é só a forma como você se expressa que faz a diferença, mas também o modo como seu interlocutor recebe a mensagem. Acertar essa sintonia requer atenção focada. Repare que as pessoas vivem tão no piloto automático que não param para ouvir e prestar atenção no outro. Se você está ocupado, pensando em outras coisas, não captura esses sinais.

Externalizando sentimentos

No longo período de home office forçado pela pandemia da covid-19, Altair, CEO da Deloitte, tinha mensagens fixadas em sua área de trabalho com lembretes que iam do incontornável "Você está no mudo" nas videoconferências até "Pratique a arte de amar" — para não esquecer nunca de que é preciso fazer isso a todo momento. Não era nenhuma ruptura com o passado. Pouco antes da pandemia, Altair havia instituído o Dia do Abraço. "Os sócios chegavam na minha sala e, em vez de já entrarem, eu os recebia fora, no corredor, e já ia para um abraço. Alguns ficavam muito tímidos no começo, mas depois esse comportamento começou a se multiplicar", conta. "A gente precisa ter postura e atitude que direcionem a criação de um ambiente muito agradável, de reconhecimento."

A soma desses pequenos gestos do cotidiano aos poucos se transformou numa cultura organizacional. Durante a pandemia, Altair enviou 112 e-mails para 7 mil funcionários da Deloitte. Respondeu a, aproximadamente, 5 mil. Muitos interlocutores eram funcionários que ele nem conhecia. Em julho de 2021, durante a pandemia, portanto, quando completou 33 anos de empresa, ele enviou um e-mail a todos os sócios com um agradecimento por estarem com ele naquela jornada. "É importante, numa corporação, também saber para onde você vai: o sonho, na pessoa física; a estratégia, na pessoa jurídica", explica. Saber com quem você vai, com quem faz essa jornada é o que nos traz a felicidade, defende o executivo.

Com essas premissas em mente, a Deloitte criou canais de comunicação, como rodas de conversa e cafés virtuais, além de sessões de meditação e respiração. Colocou em prática, também, programas de diversidade e inclusão. No mundo corporativo, nota ele, você aprende cedo a pensar muito antes de falar. Na pandemia, porém, a distância física e o isolamento social nos forçaram a encontrar tempo para sentar e falar uns com os outros, ainda que remotamente. "Eu sinto; eu falo", passou a ser o mote de Altair na época. O objetivo era gerar uma conexão emocional muito mais forte e tornar a fala e a comunicação genuínas.

Não foram raras as vezes que vi, nas minhas reuniões com a Deloitte, Altair agradecendo alguém por trabalhar com ele. Um dos aspectos que mais vejo no meu trabalho como consultor de Felicidade é que as pessoas têm dificuldade para externalizar sentimentos, mesmo os positivos. Se não conseguimos verbalizar às pessoas que mais amamos o quanto elas são importantes, imagine como é difícil fazer isso com colegas de trabalho? Estar em um ambiente em que as pessoas elogiam quando você está bem e dizem quando você precisa melhorar, um ambiente transparente, é melhor para todo mundo.

Altair se lembra de um fim de semana que passou na praia com as duas filhas. "Falo o tempo todo para elas: 'Eu te amo'. Em uma dessas ocasiões, estávamos com uma amiga de uma delas que comentou: 'Que bonito! Meu pai nunca me falou isso'." Foi quando Altair perguntou: "Mas você já experimentou falar para ele?". A menina desapareceu por uns dez minutos e voltou feliz da vida, dizendo: "Eu falei para o meu pai que o amo. Ele falou que estava muito feliz e que também me amava".

Durante a pandemia, a Deloitte também instituiu cards de reconhecimento e gratidão — templates de e-mail para reforçar a importância de as pessoas se reconhecerem. Todos são responsáveis por isso. Não só o líder. Foram 21 800 cards em dezoito meses, desde a criação do programa. Virou parte da cultura da empresa não somente parabenizar quando alguém é promovido ou recebe um aumento salarial, mas sempre que for possível.

Tomar conta uns dos outros

A concepção do mote "*Take care of each other*" ("tomar conta uns dos outros"), que se tornou um dos valores globais da Deloitte, tem origem numa experiência pessoal de Altair. Sua esposa, Angelina Loureiro, que é diretora financeira das operações da Ford na América do Sul, estava cursando um MBA na FIA Business School, que envolvia algumas viagens internacionais. Em uma delas, quando estava na Índia com oito colegas executivas, surgiu a ideia de criar um grupo de empoderamento feminino, logo batizado EWA (*Empowering Women to Achieve*) [Empoderando mulheres para alcançar resultados]. Conhecida por ser, nas palavras do marido, "prática, objetiva e despachada", Angelina ponderou: "Tem muito grupo que empodera mulheres. Todos têm o mesmo objetivo, cada um fala uma coisa e o resultado é pouca realização. O que a gente tem de fazer mesmo é primeiro se fortalecer, cuidar umas das outras. O objetivo da EWA deveria ser '*take care of each other*'". E assim tem sido, e o grupo se mantém unido até hoje. Altair gostou da ideia, que ficou dormente em sua cabeça até que, como membro do *board* global da Deloitte, foi convidado para uma reunião no Canadá, pouco antes do início da pandemia, cujo objetivo era discutir valores únicos para a companhia.

Nessa discussão, foram definidos princípios globais como integridade, inclusão e qualidade no serviço ao cliente. Observando a lista que ia se formando, e participando da conversa, Altair sentiu falta do elemento humano. "Nosso negócio é feito de pessoas." Ele pediu a palavra, expressou a necessidade de ver essa constatação traduzida em palavras e sugeriu a frase "*take care of each other*". Um participante anotou em um quadro. Poucos meses depois, com o processo finalizado, o documento final circulou em meio à liderança. "Um dos cinco valores globais listados ali era justamente '*take care of each other*'", conta.

"Para cuidar dos outros, porém, é preciso também estar em equilíbrio consigo mesmo — com o 'corpo, a mente e o espírito'", diz Altair. "Eu faço as minhas caminhadas, preciso pisar na praia, [faço] pintura a óleo, leitura, gosto de carros antigos, especialmente jipes", conta. Também faz meditação transcendental duas vezes por dia, por 22 minutos.

"Convém separar, no entanto, o que é bem-estar ('coisas que vêm de fora para dentro') e o que é felicidade ('coisas que vão de dentro para fora')", defende Altair. "Fomos criados numa cultura que tem um viés inconsciente de que a felicidade está na sexta-feira. A gente só esquece de falar que o trabalho é parte da cura, portanto a felicidade não deveria estar na sexta-feira", diz ele. O desafio é encontrar uma maneira de enxergar o trabalho não como um sofrimento, mas como um processo de crescimento. "Desta forma, é sinônimo de 'trabalho com propósito', cuja compensação não é só monetária, é o crescimento." Altair sempre disse aos 250 sócios e 7 mil colaboradores: "A Deloitte é o trabalho da minha vida; não é minha vida no trabalho".

PONTOS-CHAVE

- Levar a agenda da felicidade para dentro de uma empresa não é trivial. Por um bom tempo, a tática de Altair Rossato, CEO da Deloitte Brasil, foi ser arrojado: na linguagem, nos agradecimentos e no vocabulário utilizado na empresa. Depois, se transformou em um embaixador do tema e fez algo fundamental: trouxe pessoas com perfil semelhante para posições estratégicas.

- Aprovar um programa amplo em uma empresa global não é fácil, e a estratégia utilizada pela Deloitte Brasil foi pôr em prática um programa-piloto, fazendo chegar em cascata a todos os níveis hierárquicos, até conseguir realizá-lo em toda a operação brasileira para 7 mil funcionários.

- Na primeira etapa, executada de junho de 2021 a março de 2022, o programa de Felicidade Corporativa na Deloitte Brasil envolveu 4420 profissionais, englobou 191 encontros e totalizou 305 horas dedicadas ao tema. Um dos principais resultados foi um salto de dez pontos percentuais no quesito segurança psicológica.

- Quando for se dedicar a uma tarefa que lhe drena energia, também inclua na sua agenda algo que vai lhe trazer felicidade, como forma de compensar aquele sentimento negativo. Crie a sua própria "caixa de ferramentas", tirando dela, no dia a dia, itens que fazem a diferença para seu bem-estar e o das pessoas à sua volta. Quando muitas outras pessoas no trabalho também têm suas caixas de ferramentas, e a organização está determinada a instigar minimomentos de recarga emocional, cria-se um círculo virtuoso.

- Reconheça e agradeça: a empresa instituiu cards de reconhecimento e gratidão, e durante a pandemia foram enviados 21 800 cards em dezoito meses. Altair enviou 112 e-mails para 7 mil funcionários da Deloitte. Respondeu a 5 mil. Muitos interlocutores eram funcionários que ele nem conhecia.

- "A empresa pode ser o trabalho da minha vida, não a minha vida no trabalho", define Altair Rossato.

11
Ser feliz na ponta

A felicidade é a certeza de que a nossa vida não está se passando inutilmente.

Erico Verissimo

A FAGULHA PARA A JORNADA DA FELICIDADE corporativa da Vale surgiu em uma dinâmica de equipe da diretoria de Remuneração e Performance (nomeada de *Total Rewards & Performance*) no Rio de Janeiro, no fim de 2023. Terminado aquele encontro, a equipe saiu com alguns compromissos para a própria área. Alguns dias depois, Flávia Venancio, gerente de Benefícios e Bem-Estar, e Fernanda Oberlaender, especialista do mesmo time, voltaram com uma proposta a ser apresentada. O projeto começou a ser liderado por Barbara Dinalli, diretora de Remuneração e Performance, que carregava uma motivação pessoal para promover mudanças no ambiente de trabalho. O pai se aposentara em uma empresa de mineração como supervisor de turno, tendo andado de ônibus durante 28 anos, sem passar nenhum Natal com a família. Toda semana ele jogava na Mega-Sena para tentar uma nova forma de viver. No seu trabalho, Barbara também viveu em uma vila afastada dos grandes centros e viu supervisores não conseguindo cursar uma faculdade por falta de condições físicas e emocionais.

Em março de 2024, Barbara apresentou o projeto à vice-presidência. O avanço da agenda é paulatino, mas tem resultado: essas conversas já renderam a inclusão do termo "bem-estar" na gerência de Benefícios da Vale na virada de 2023 para 2024. Esse é um marco importante. Colocar o nome institucionaliza, dá um peso, mostra ao mercado: "Temos uma gerência de Bem-Estar". Não é simplesmente um programa. Essa é uma base fundamental para a credibilidade. Uma reunião sobre bem-estar e felicidade com um estagiário às duas da tarde é diferente de uma reunião com uma gerente de Bem-Estar às duas da tarde.

Abraçadores de árvore?

A gerência de Benefícios e Bem-Estar une dois objetivos: desenvolver o ser humano, cuidar dele, mas também, por consequência, ajudar na performance da Vale. Com um olhar para o tema que permite trazer o programa para a companhia com o cuidado de não ser encarado como uma área de "abraçadores de árvore". De trazer, de fato, resultados. Ter indicadores que atestem, no fim, o avanço obtido.

Uma vez concebida essa abordagem, deu-se um debate sobre onde encaixar a área de Bem-Estar — subitamente cobiçada por todos. "Quando a gente começou a circular a apresentação do material", conta Barbara, "o próprio RH começou a ver que a noção de bem-estar cabia em outras diretorias." Houve quem quisesse deslocá-la, por exemplo, para a área de Experiência do Empregado. Ou para o time de Cultura. Ou seja, o que era o patinho feio de repente virou o cisne que todo mundo queria puxar para a sua área. Acabou ficando abaixo da diretoria de Remuneração e Performance.

A área de Benefícios e Bem-Estar é uma construção conjunta do RH com a área de Saúde, já que nela está incluído, por exemplo, o incentivo para a realização de exames, check-up médico, acompanhamento dos pilares de sono, alimentação e movimento do corpo. Na Vale, são quatro os pilares da área de Bem-Estar: social e familiar, emocional, financeiro e físico. A gerência procura olhar o tema também pelo ponto de vista da segurança psicológica — não só com a lente do adoecimento, como no passado. Ainda há muita sensibilização sobre doenças mentais, mas passou-se a olhar mais para o lado positivo da saúde mental: ou seja, como se constrói, a partir do não adoecimento, uma melhora na qualidade de vida.

Lógica semelhante vale para o pilar financeiro. No início de 2024, a sociedade passou a viver um momento muito complicado por conta das apostas esportivas, levando ao endividamento de muitos empregados. Em resposta ao problema, foram criados dois programas na empresa para ajudar nessa frente: um de educação financeira e outro de preparação para o futuro, inclusive para a aposentadoria. No pilar social e familiar, um bom exemplo é o programa de gestantes, chamado Cegonha, para acolher as mulheres que saem de licença-maternidade.

As dores que a Vale se propõe a sanar com esse projeto são as de qualquer liderança. Com o programa de Felicidade Corporativa, tocado pela área de Bem-Estar e Benefícios, começamos a oferecer letramento para que as pessoas virem a chave e assumam a responsabilidade pela própria felicidade. Isso é fundamental. Há 66 mil colaboradores na Vale. Quantos priorizam a felicidade? Quantos dizem: "Deixa eu ver o que me traz bem-estar, para ter o máximo de energia e poder performar"? Esta é a lógica central. Corporativamente, sempre que uma área assume o protagonismo nesse processo, começa-se a criar uma cultura. Essa gerência, liderada por Flávia Venancio, acabou ganhando o papel de passar a estrutura do programa de Felicidade Corporativa para as diretorias operacionais da Vale, mostrando que existem etapas como letramento, formação e multiplicação de ações para debater a felicidade dentro da companhia.

Estrada de Ferro Carajás

A Vale é gigantesca. São muitas Vales dentro da Vale. A partir de um evento em março de 2024, quando se começou a falar de forma mais ampla sobre felicidade corporativa na companhia, descobrimos pessoas que já estavam interessadas no assunto — o que resultou nos projetos-piloto. Conheci naquele evento em Belém, no qual se iniciou o salto da agenda de bem-estar para uma posição privilegiada dentro do universo da Vale, a gerente de RH do time da Estrada de Ferro Carajás (EFC),

Pollyana Pivato. Ela, por sua vez, me apresentou a João Silva Júnior, diretor de Operações da EFC. Engenheiro civil de formação, Júnior entrou na Vale em 2001, num programa de trainee. Ele se tornou gerente executivo de Operações da EFC em outubro de 2021. E foi promovido a diretor em maio de 2023. Grande entusiasta dessa pauta, ele se tornaria uma figura importantíssima nesse processo.

O negócio de mineração da Vale no Brasil é dividido em três grandes corredores: Sul, Sudeste e Norte. Este último é composto de três complexos de mineração, localizados no sudeste do Pará: Serra Norte, Serra Sul e Serra Leste. A exploração e o beneficiamento do minério de ferro são feitos localmente. Depois disso, o produto é levado para estruturas chamadas de silos de carregamento, onde trens chegam com os vagões vazios, partindo deles carregados. Eles saem do sudeste do Pará e percorrem aproximadamente novecentos quilômetros, até São Luís, no Maranhão, onde está o porto de Ponta da Madeira, no qual se faz a maior movimentação de granéis do Brasil — mais de 180 milhões de toneladas de minério de ferro por ano. Essa operação logística está a cargo da Estrada de Ferro Carajás.

Controlada e operada pela Vale, a ferrovia conecta os três complexos, todos localizados no Pará. Serra Norte está no município de Parauapebas; Serra Sul, em Canaã dos Carajás; e Serra Leste, em Curionópolis. São três cidades vizinhas, de onde partem ramais que se conectam na linha tronco da ferrovia. Para dar conta dessa operação, que termina em São Luís, com o embarque do minério nos navios que o levarão a seus destinos, a Estrada de Ferro Carajás tem hoje 4 mil empregados próprios, funcionários da Vale, mais 2,8 mil parceiros, terceirizados.

Esse é o maior corredor da Vale, responsável por 60% da produção da companhia. Se a felicidade é mesmo estratégica, tem de estar presente nessa operação pesada, conduzida sob calor e umidade, e vital para uma das maiores empresas privadas do Brasil. O primeiro responsável por isso é justamente João Silva Júnior. Ele tomou contato com o tema felicidade corporativa no fim de 2023. Antes disso, porém, já estava empenhado — como toda a Vale — numa profunda revisão de processos e comportamentos depois da tragédia de Brumadinho.

Um dos principais comportamentos estimulados nessa jornada de transformação cultural é a obsessão em gerenciamento de risco, associada ao diálogo aberto e transparente. "Na nossa essência, a gente tinha a figura do super-herói. A gente sabia tudo, não precisava de ajuda, éramos os maiorais. Era um jeito arrogante", afirma Júnior. Em seu processo de revisão da cultura organizacional, a Vale construiu primeiramente uma base calcada em humildade. É ela que permite perceber que sua liderança não sabe tudo. E, o principal, que as pessoas possam compartilhar os problemas que enxergam, que enfrentam. A expectativa é de que, com um senso cada vez maior de colaboração, essa liderança possa ajudar a construir as soluções. Isso tem muito a ver com os conceitos de segurança psicológica e ambiente de segurança — mas Júnior nem tinha essas expressões em mente quando começou esse processo.

O mantra na Vale hoje é "ser integrado e colaborativo para gerar resultados melhores". Júnior o abraçou, mas percebeu que era possível dar um passo adiante. Assim, o mote da ferrovia mudou para "Ser EFC é ser você. É ser feliz". A primeira parte traduz o desejo de ter um ambiente inclusivo. Com segurança psicológica e senso de pertencimento. A segunda é a síntese de uma convicção. "O trabalho não pode gerar dor", observa Júnior. Nos grandes centros urbanos, estresse e burnout são vilões conhecidos e monitorados. Numa operação como a da EFC, as dores — ou suas causas — tendem a ser de outra natureza, dificilmente identificáveis do conforto de um escritório climatizado. Júnior entendeu isso e vem mudando sua forma de trabalhar.

Embora tenha uma função administrativa, ele hoje está mais no campo, conversando com as pessoas. Isso está quebrando a barreira da hierarquia e permitindo interações mais honestas e produtivas. "Eu era um ser inacessível", admite Júnior. Hoje, ao conversar com funcionários, ele frequentemente dispara perguntas como "Você está feliz?", "Como está o seu bem-estar geral?", "Você vê opções de crescimento na companhia?". Também tem olhado com mais atenção para o básico. Desde uma carteira de benefícios adequada até uma rotina que permita ao colaborador ter um equilíbrio entre vida pessoal e profissional. Ao mesmo tempo, ele quer garantir que cada trabalhador seja escutado e possa se desenvolver. Para Júnior, um dos movimentos que definem nosso tempo é a busca por uma conexão plena entre propósito, performance e cuidado com as pessoas — que é, para ele, a fórmula da felicidade corporativa.

Uma de nossas interações mais marcantes se deu num workshop que realizei para todas as lideranças da Estrada de Ferro Carajás. Participaram diretores, gerentes gerais, gerentes funcionais e operacionais. Encontros assim costumam ser num hotel, em que se alugam o auditório e um quarto para cada líder. Propus algo diferente: fazer o workshop nos Lençóis Maranhenses, por um custo menor do que o previsto para um evento-padrão. Para viabilizar a viagem, em vez de quartos individuais, os executivos teriam de dividir acomodações em até três pessoas — o que faz sentido quando se trata de gerar conexões e compartilhar momentos num paraíso na terra. Esse ambiente gerou uma experiência única.

Pagando de bonzinho?

A curiosidade de Júnior pelo tema foi despertada ao ler na imprensa que a Heineken constituíra uma diretoria de Felicidade. O segundo caso a lhe chamar a atenção foi o da Gerdau. Gustavo Werneck, o CEO da siderúrgica gaúcha, começou a usar a expressão felicidade corporativa em várias postagens no LinkedIn. Foi a partir daí que Júnior decidiu se aprofundar no assunto. E descobriu que não estava sozinho. Flávia Venancio tinha acabado de assumir a gerência de Bem-Estar na Vale. Em parte por isso, depois do HR Summit em Belém, a EFC foi uma das três primeiras áreas da Vale a iniciar a implantação de um programa-piloto de Felicidade Corporativa — as outras são Serra Leste e a Diretoria Técnica da Vale em Minas Gerais. Importante ressaltar que decidimos começar por áreas *core*, áreas operacionais, pois se desse certo nelas daria certo no restante da Vale.

Com a entrada em cena da área corporativa da companhia, Júnior e as demais lideranças envolvidas no programa passaram a contar com metodologia e planejamento para que sua jornada se desse de maneira estruturada. A expectativa no fim de 2024 envolvia a criação de dez pilotos. No encontro de líderes da EFC em maio daquele ano, foi feita a primeira ação efetiva de sensibilização das 24 pessoas que lideram a ferrovia.

Júnior associa o tema felicidade a bem-estar, o que leva a fazer mais perguntas a seus interlocutores: "Como você está cuidando da sua saúde?"; "Como as ideias que você tem — ou os problemas que você identifica — são escutadas pela companhia?". São pílulas iniciais, que preparam terreno para o momento em que um programa estruturado de Felicidade Corporativa será anunciado para toda a EFC. Olhando para os desafios à frente, ele sabe que não pode pensar em felicidade da mesma maneira para todo mundo. A realidade de quem trabalha num centro urbano com ar condicionado é diferente da de quem ganha a vida conduzindo um trem.

Há alguns elementos sistêmicos, no entanto, que valem para todos: ambiente de confiança, de desenvolvimento, de integração e colaboração. Um plano de carreira efetivo. Benefícios que permitam ao colaborador cuidar de sua saúde. A partir dessa base, é preciso dividir os funcionários em dois grupos: operacional e administrativo. Para este último, uma questão importante é o cumprimento do turno de trabalho. A jornada contratual é de oito horas diárias, mas as pessoas frequentemente ficam dez ou onze horas no escritório. "Tem alguma coisa errada, e a gente precisa entender o porquê dessa carga de trabalho. É isso que gera o estresse e o burnout", diz Júnior. Quando se pensa na área operacional, é preciso admitir que ainda há condições severas de trabalho. O funcionário que faz a manutenção dos trilhos atua debaixo do sol escaldante da Amazônia. O que a liderança da EFC está discutindo é como se poderia desempenhar essa atividade de forma diferente. Como se garante, primeiro, o básico: alimentação, água e descanso de qualidade para essa pessoa. É provável que a manutenção de trilhos, para ficarmos neste exemplo, seja automatizada — e que o trabalhador que faz esse serviço seja requalificado. Até 2022, a ferrovia tinha pessoas que faziam o trabalho braçal de troca de trilhos e de dormentes. Cada metro de trilho da EFC pesa 68 quilos. Cada dormente de madeira pesa entre 120 e 140 quilos. Se for de concreto, são 450 quilos. Com a automação, os trabalhadores assim empregados saíram da função de mantenedor (posição de entrada na companhia, com o menor salário) para a de operador, com menos fadiga e salário mais alto.

Os 6,8 mil empregados da EFC, entre próprios e terceirizados, se dividem, grosso modo, em três grupos. O primeiro é o da chamada "eletrovia", que basicamente cuida da infraestrutura ferroviária: taludes, que são aterros e outras estruturas geotécnicas, e lastro, que inclui brita, dormentes, trilho e sinalização para o controle de tráfego. Nesse time, há operadores, técnicos especializados e inspetores. O segundo grupo é o do chamado material rodante, que cuida dos grandes ativos da EFC: trezentas locomotivas, 24 mil vagões e cinquenta EGPS (Equipamentos de Grande Porte), usados na manutenção da ferrovia. Nessa equipe, as funções se dividem em mecânica, pneumática, elétrica e hidráulica. O time é dominado por mecânicos e eletricistas. O terceiro grupo é o das operações propriamente ditas. Quem melhor o representa é o maquinista, que conduz os trens da companhia. Essa é a função mais numerosa que a EFC tem hoje em seu quadro. Há cerca de oitocentos maquinistas, entre os de linha e os de pátio, na Estrada de Ferro Carajás.

Não é modinha que a gente quer

Júnior tem aproveitado as oportunidades para conversar com essas pessoas sobre felicidade e perguntar aos maquinistas o que os faria felizes. No fim de 2024, ele fez uma viagem de Santa Inês, principal cidade da região do Vale do Pindaré, no interior do Maranhão, a São Luís. São aproximadamente duzentos quilômetros percorridos em cinco horas pelos trens da EFC — que fazem quarenta quilômetros, em média, por hora. Com tempo de sobra, Júnior foi logo perguntando a Wilson, um maquinista de 32 anos: "O que você acha que é ser feliz?". Felicidade, para ele, é uma equação com duas variáveis: o hoje e o amanhã. Para o hoje, toda vez que Wilson vê uma oportunidade de melhorar o trabalho, não só para ele, mas também para seus colegas — e que sua ideia é ao menos escutada pela liderança —, há um momento de felicidade.

Para o futuro, felicidade é poder se aposentar tendo sido um exemplo positivo para seus filhos.

"O conceito de felicidade é muito singular para cada pessoa", observa Júnior. Se não tiver alguém na ponta da operação perguntando para as pessoas o que faz a diferença, o que hoje não está legal e pode melhorar, não há como levar felicidade a elas. Fechado em sua sala com ar condicionado, Júnior não conseguiria dizer o que torna Wilson mais feliz. Circulando nos trens da EFC, ele sente na pele, literalmente, que, para o operador que está no campo, climatização é fator de felicidade. A companhia já instituiu que locomotiva sem ar condicionado é igual a trem parado. Falha na climatização é considerada defeito, e a composição não pode circular. No passado, o calor brutal na cabine do maquinista era considerado, com o perdão pela contradição, frescura.

No fim de 2024, os próximos passos previstos pela EFC eram uma imersão da liderança para letramento em felicidade corporativa e a formação dos embaixadores da felicidade. A aposta de Júnior é de que esse programa pode melhorar o resultado final da operação sob sua responsabilidade e, ao mesmo tempo, o meio pelo qual esse resultado é alcançado. Como sempre digo, não é felicidade ou performance. É felicidade *e* performance.

O cético que vira embaixador da felicidade

Um grande diferencial do programa de Felicidade que conduzimos na Vale foi a criação de projetos-piloto que começassem já nas operações. Isso foi uma estratégia ótima porque a Vale é uma empresa gigante em que a operação é o *core* do negócio. A gente não queria que viesse um programa do RH, mas sim um programa que partisse das necessidades da operação, que eles entendessem a capacidade da felicidade corporativa de gerar valor e, assim, liderassem o movimento a partir de suas próprias demandas. Tivemos o case da EFC que deu muito certo. O segundo piloto aconteceu em outra área, liderada por José Raimundo Silva Júnior, diretor de operações de mina de Serra Norte, Serra Leste e manganês.

Desde o primeiro dia do letramento, José Júnior se demonstrou um entusiasta do tema. Ele acreditou na pauta e fez questão de que um dos pilotos começasse em uma das unidades que ele comanda. A escolhida foi a de Serra Leste, por ser menor que as outras. Sob a direção de José Júnior estão mais de 12 mil pessoas, a operação em Serra Leste possibilitaria um controle maior sobre todo o processo e facilitaria a análise dos dados.

Cleuton Gomes Silva acabara de aceitar o cargo de gerente-geral da unidade quando fizemos a primeira reunião do programa de Felicidade Corporativa. Ele voltara de férias num cargo novo e aquela era uma das primeiras reuniões de que participava na nova posição. Depois, confessou para a gente que estranhou aquilo, parecia um negócio muito fora da caixa, e ele estava preocupado em resolver problemas estruturais desafiadores, como uma operação no Pará que precisava de uma estrada melhor. Naquele primeiro momento, ele estava muito cético com relação ao tema, não entendia como poderia ajudar seu trabalho.

Tempos depois, tivemos uma reunião ao vivo em São Paulo com José Júnior e os gerentes-gerais que reportam direto a ele. Dentro do nosso programa de Felicidade Corporativa é comum fazermos imersões, momentos em que nos deslocamos até a operação e ficamos de um a três dias inteiros com as equipes para passar todo o conhecimento da ciência da felicidade aos líderes locais, apresentar os cases e os dados para que eles possam tirar suas dúvidas.

Fizemos uma imersão com a equipe de José Júnior, quando expliquei em detalhe a ciência da felicidade e como poderíamos implementá-la dentro da empresa. Ali, Cleuton estava um pouco mais aberto ao tema do que na nossa primeira reunião. Quando entendeu que toda vez que você resolve um problema gera felicidade, ele virou a chave. Ele tinha uma visão errada de que felicidade é estar sorrindo o tempo inteiro; dizia que felicidade era aumentar o salário das pessoas. "Dinheiro é que vai trazer felicidade. Todo o resto é secundário."

Nesse letramento, mostramos uma pesquisa mais detalhada sobre a felicidade. Apresentamos os dados e eu expliquei que felicidade é resolver problemas. Perguntei quais eram as principais dificuldades que eles tinham, quais eram os problemas prioritários. Então, falei da pirâmide de Maslow e de como cada contexto tem suas especificidades.

A gente pode estar na base da pirâmide, ou seja, numa situação em que precisamos resolver primeiro as necessidades básicas, depois a segurança e assim por diante. Aquele letramento foi muito importante para Cleuton e seu time. Ele começou a entender que a felicidade corporativa poderia, de fato, ser algo poderoso e produtivo para ele.

Quando Catia Porto assumiu a vice-presidência de Recursos Humanos da Vale, ela rodou as operações para ouvir quais eram os desafios enfrentados e como o RH poderia contribuir para sua resolução. Em visita à Serra Leste, ela teve uma reunião com Barbara Dinalli, a diretora de RH, Cleuton e a gerente de RH local, a Lúcia Carlos. Naquele momento, Cleuton expôs todos os problemas que tinha em Serra Leste e comentou que para solucionar a maioria deles ele seguira o caminho da felicidade corporativa. Ele disse isso emocionado. "Eu era um cético, não acreditava nessa pauta", falou. Mas, depois do letramento, entendeu que felicidade é resolver problemas, como questões de infraestrutura, melhorar uma estrada; felicidade é também proporcionar um ambiente em que as pessoas possam se sentir mais acolhidas, é escutar mais as pessoas. Aquilo foi um marco dentro do programa de Felicidade Corporativa, porque foi um exemplo de operação dando valor e entendendo que a felicidade pode contribuir para o funcionamento de sua área. Um cético vira uma chave e começa a ser um embaixador desse movimento. É muito simbólico.

A nova vice-presidente, ao ouvir isso, ficou muito feliz por saber que é a operação que está puxando a pauta, que está agregando valor. Esse caso deixou evidente para ela que felicidade corporativa não é abraçar árvore, não é uma coisa *fluffy*, mas é algo que dialoga diretamente com a operação. Cada unidade vai ter um problema diferente, então a gente vai gerar felicidade em níveis diferentes.

Busca pelo ROI e impacto em pessoas

O próximo projeto-piloto que a gente fez foi na diretoria técnica da Vale. De novo houve uma preocupação por parte do RH: será que a equipe técnica iria aderir ao programa? As pessoas que trabalham na diretoria técnica têm uma visão mais objetiva, elas são mais críticas e exigentes, fizeram ph.D., possuem um conhecimento muito profundo e específico e, na maioria das vezes, são mais céticas a questões consideradas soft demais.

Na nossa jornada dentro da Vale, seguimos um roteiro: primeiro fazemos uma palestra para explicar, em linhas gerais, o que é felicidade corporativa e entender se há interesse do líder do time pelo assunto. Havendo interesse, fazemos as imersões e depois expandimos o programa. Foi o que aconteceu na diretoria técnica de Geologia, Mineração e Processamento. A gente fez uma palestra para o diretor sênior, Bruno Pelli, e os líderes diretos, e a recepção inicial já foi muito boa.

Nessas apresentações, eu sempre conto da minha história, que foi em função de situações de quase morte que me interessei e comecei a estudar felicidade. O Bruno Pelli também passou por uma situação de quase perder a vida, e isso acabou ajudando a criar uma conexão entre nós. A partir de uma experiência parecida, ele se interessou por estudar Felicidade. Não só ele, também seu time gostou da palestra introdutória e topou fazer a nossa formação com três imersões de um dia. O resultado foi fantástico. Bruno ficou empolgado e compartilhou que "a imersão foi um convite à mudança de mentalidade. Acreditamos que colaboradores felizes são mais criativos, resilientes, comprometidos e produtivos, e que o cuidado com as pessoas é um pilar essencial para a sustentabilidade dos nossos resultados".

Ao longo do programa, cada unidade tem criado um slogan. Na EFC foi "Ser EFC é ser você, é ser feliz". Na do José Júnior, eles pensaram no "Vale ser feliz" e a do Bruno Pelli ficou com "Ser feliz Vale mais". Há uma discussão dentro do RH de todas diretorias adotarem um slogan único — "O jeito Vale de ser feliz", que faria parte de uma campanha maior que a Vale está lançando: "O jeito Vale de incluir, o jeito Vale de liderar", o que é uma coincidência muito boa, porque tem um best-seller sobre felicidade que se chama *O jeito Harvard de ser feliz*.

Durante as nossas imersões, temos a preocupação de que os times comecem a montar um programa de Felicidade Corporativa, e o que eu acho interessante no caso do Bruno Pelli é que ele logo compreendeu que poderia pegar esses conceitos e traduzir em projetos práticos, em ações que podem ser aplicadas no dia a dia. Ele nomeou a executiva Leticia Duffles como PMO dos projetos das cinco diretorias que se reportam a ele.

Nós orientamos que os diretores e as diretoras criem projetos com dois olhares. O primeiro pensando na quantidade de pessoas impactadas — como criar programas que possam criar relações de qualidade e confiança entre os membros da equipe, para que haja maior engajamento no time — e o segundo focando o retorno sobre o investimento (ROI) — como trazer economias e melhorar processos visando mais resultado, eficiência e lucro. E, nesse momento, eu vi o brilho no olhar de executivos e executivas. Então eu posso pensar em um projeto de Felicidade que traga ROI?

Um caso foi o do diretor de Geociências e Sondagem, o Rafael Rodrigues Ribeiro. Ele gostou tanto da palestra que na hora do almoço quis sentar do meu lado para contar que ninguém tinha feito essa provocação antes e que fazia todo o sentido, ele conseguiu pensar em um projeto que traria *savings* de milhões para a Vale e seria um projeto de Felicidade ao mesmo tempo. "Só que eu preciso da sua ajuda para trazer o conhecimento técnico para que eu amarre o Business case." Um mês e meio depois das imersões, fizemos nossa reunião de acompanhamento dos projetos e já surgiu um primeiro projeto de Felicidade Corporativa com ROI de R$4,4 milhões em *savings*. Aquilo foi marcante para mim porque pessoas da diretoria técnica empolgadas com o programa de Felicidade Corporativa e querendo montar projetos que vão buscar ROI são algo que a gente nunca fez na história. Isso é excelente para a Vale — ter a operação buscando ROI e impacto em pessoas com projetos reais que levem os princípios da Felicidade através das áreas *core* do negócio.

PONTOS-CHAVE

- A criação de uma gerência de Bem-Estar é um dos caminhos para fomentar a pauta de felicidade corporativa dentro de uma grande organização.

- As dores que a Vale se propõe a sanar com esse projeto de bem-estar são as dores de qualquer liderança. Com o programa de Felicidade Corporativa, tocado pela área de Bem-Estar e Benefícios, um letramento começou a ser oferecido para que as pessoas reflitam sobre como podem ser mais felizes.

Esta é a lógica central. Corporativamente, sempre que uma área assume o protagonismo nesse processo, começa-se a criar uma cultura — fundamental para uma empresa com mais de 60 mil funcionários.

- A realidade de quem trabalha num centro urbano com ar condicionado é diferente da de quem ganha a vida conduzindo um trem ou consertando trilhos sob o sol escaldante da Amazônia. Há alguns elementos sistêmicos, contudo, que valem para todos: ambiente de confiança, de desenvolvimento, de integração e colaboração. A partir daí, é preciso dividir os funcionários em dois grupos, operacional e administrativo, para trabalhar a agenda corporativa.

- Faz diferença na operação ter um líder que frequentemente dispara perguntas como "Você está feliz?", "Como está o seu bem-estar geral?", "Você vê opções de crescimento na companhia?". E que faz isso prestando atenção nas necessidades básicas dos funcionários: desde uma carteira de benefícios adequada até uma rotina que permita ao colaborador ter um equilíbrio entre vida pessoal e profissional.

- É possível criar projetos que foquem tanto as relações de qualidade e confiança entre os membros da equipe quanto a busca pelo ROI.

12
Despertando emoções positivas

Não quero saber o que é tendência.
Quero criar a minha própria tendência.

Caito Maia

MAIOR MARCA DE ACESSÓRIOS E ÓCULOS da América Latina, a bem-sucedida Chilli Beans virou case em Harvard. Com a aposta em óculos de grau, expansão no mercado internacional, parcerias e produtos sustentáveis,[1] a marca quebrou a barreira de 1 bilhão de reais de faturamento em 2022 e projetava 1,4 bilhão de reais em 2024, com o lançamento de novas coleções e quiosques, além da abertura de lojas pelo mundo.[2] Para suas convenções anuais, em vez de viajar para um resort, como as empresas em geral fazem, Caito Maia, o fundador da empresa, freta um navio e promove um evento que acontece em um transatlântico.[3]

Praticamente um pop star, conhecido do grande público também por ser jurado do programa *Shark Tank*, Caito chega à empresa com algum de seus carrões. Ele é um colecionador e tem mais de dezoito carros enfileirados em sua garagem: Bentley, Mercedes, Audi, Porsche, até um Mustang 1968, um Dodge Charger 1967 e um Corvette Sting Ray.

Por conhecer a história da Chilli Beans e o estilo de seu fundador, foi uma surpresa ouvi-lo em um podcast da CNN[4] afirmando: "Você já ouviu falar em felicidade corporativa? Hoje existem profissionais no mercado que você contrata para exercitar a felicidade do seu time". Fui atrás de um contato da empresa nas redes sociais e encontrei o perfil de Denize Savi, esposa de Caito e atual gestora executiva de Felicidade da empresa, que vinha estudando o tema. Entrei em contato via Instagram e perguntei: "Vocês estão fazendo um trabalho de felicidade?".

Toda vez que escolho uma empresa com a qual trabalhar, tenho uma preocupação: será que essa companhia, de fato, pratica e valoriza a felicidade? Ou é uma empresa infeliz, na qual vamos ter de fazer uma mudança? Meu foco está em encontrar as primeiras. Minha proposta não é transformar empresas infelizes em felizes. É ajudar empresas que já têm a felicidade na essência a potencializá-la. Àquela altura, a Chilli Beans já tinha levantado a bandeira da diversidade, equidade e inclusão, mas a felicidade corporativa ainda engatinhava.

Apesar do tamanho alcançado, a Chilli é uma empresa de dono. O dono decide. Então, quando consegui contato com Denize, que já adorava a pauta, ela foi falar com o dono e as portas se abriram rapidamente. Diferentemente de uma empresa gigantesca, em que tive de percorrer vários caminhos para viabilizar um programa, na Chilli Beans bastou uma conversa com Caito e ele aprovou: "Vamos testar".

Uma turma só com diretores

O projeto da Chilli Beans na área de Felicidade Corporativa começou formalmente em 2023. Toda terça-feira a empresa realizava workshops de felicidade e o plano era que todos os times fossem treinados ao longo de um ano. As pessoas iam encaixando sua participação na agenda, e o letramento foi se dando em ondas. Uma turma exclusiva foi montada, e havia a desconfiança se haveria adesão interna. "Será que o diretor comercial vai ter paciência para ir a reuniões de felicidade?" Ele foi à primeira reunião. Voltou para a segunda. Na terceira, quando uma das atividades envolveu cartas de agradecimento, vários líderes choraram. Quando terminou o ciclo da turma dos diretores, o tal diretor comercial, Thiago Maino, me disse: "A gente deveria continuar, isso é tão importante. Esse é o momento de que eu preciso para me conectar com o meu time, porque essa é uma equipe que só trabalha. É um momento na semana para abaixar as armaduras".

Frederico Furtado, CFO, fez um comentário interessante: "A gente lida o dia todo com emoções. Mas na faculdade não aprendi sobre isso. Em nenhum emprego aprendi. Fui aprender num workshop sobre felicidade".

Na Chilli Beans, a noção de felicidade corporativa focou a promoção de conexões humanas, verdadeiras e genuínas, para que o ambiente de trabalho proporcionasse bem-estar. A empresa acredita que a felicidade de quem trabalha está diretamente atrelada às conexões sociais, às amizades que são feitas no escritório. É a partir dessas relações saudáveis, desses laços fortes de companheirismo, que se desenvolve maturidade para lidar com desafios. Cria-se, assim, um ambiente de segurança psicológica, no qual as pessoas confiam umas nas outras. Não se sentem ameaçadas, não são desconfiadas. Muito pelo contrário, ajudam-se.

A Chilli Beans foi criada na década de 1990. No começo, Caito Maia precisou contar com a ajuda de amigos para manter a empresa viva. Nos momentos mais difíceis, algumas pessoas lhe estenderam a mão e disseram: "Estamos junto com você". Houve até quem trabalhasse "de graça", apostando no futuro do que era então uma startup. Caito dizia: "Não tenho salário para te oferecer, mas, se você acreditar no negócio comigo, a gente cresce junto".

Foi o que aconteceu. Isso mostra que a Chilli Beans já nasce desse conceito de conexão — diretamente relacionado ao de relações de confiança. Não por acaso, desde o início, em tempos mais conservadores, as portas estavam abertas para pessoas tatuadas, com cabelo colorido e piercings. Uma abertura para olhar as pessoas como elas são e deixar que manifestem sua individualidade. Um estímulo para que sejam quem são dentro da empresa e sejam respeitadas por isso. À medida que a companhia foi crescendo, naturalmente viu aumentar a complexidade das relações interpessoais, mas Caito sempre buscou garantir que cada ser humano ali dentro não fosse reduzido a um crachá. Isso não quer dizer que a companhia não tenha grandes desafios, por exemplo, com a gestão do estresse. Como em toda empresa de varejo, quase tudo gira em torno de metas.

Há momentos em que as pessoas se sentem sobrecarregadas. Não há como fugir dessa realidade — mas é possível gerenciá-la. Em sua jornada, a Chilli Beans entendeu que é importante trazer para o dia a dia temas como saúde mental e felicidade. "Esta é uma palavra que, num primeiro momento, parece que não se conecta com o trabalho", pondera Denize Savi. "Mas, na verdade, tem tudo a ver, porque a gente passa a maior parte do nosso tempo trabalhando."

Ela estuda sobre a ciência da felicidade desde 2017. Tudo começou com uma virada em sua vida profissional. Denize é jornalista nascida em Cascavel, no interior do Paraná. Era apresentadora de TV da afiliada local da Record, depois de ter passado pela Band e pela TV Cultura. Ao sofrer uma grande decepção no trabalho, viu-se forçada a repensar sua carreira. Em meio a esse processo, conheceu Caito, que foi à cidade dar uma palestra. "A gente começou a namorar e ficou num relacionamento à distância por um ano, até que eu resolvi vir para São Paulo." Ela não sabia, àquela altura, o que ia fazer da vida. Precisava de algo que lhe desse um norte. Então mergulhou no autoconhecimento e descobriu a psicologia positiva, que é um dos pilares da ciência da felicidade. Desde então, vem estudando o tema e se aprofundando nele.

Como jornalista, achou importante compartilhar esse conhecimento nas suas redes sociais — o canal de que dispunha no momento. Até que descobriu a felicidade corporativa e visualizou um caminho para aplicar o conhecimento adquirido. Formou-se *Chief Happiness Officer*, ou Líder de Felicidade, e propôs a Caito iniciar um trabalho de felicidade corporativa na Chilli Beans.

A essa altura, o mundo vivia a pandemia de covid-19, que escancarou os problemas de saúde mental no ambiente corporativo. Caito entendeu que aquilo de fato era importante, mesmo para uma empresa que sempre priorizou o cuidado com as pessoas. Havia ali uma oportunidade de trabalhar melhor a questão das relações interpessoais e tornar o ambiente cada vez mais saudável e gostoso. A questão era: por onde começar?

Um departamento de Felicidade

A Chilli Beans passou a abordar pautas como reconhecimento. É natural que, num ambiente de busca incessante por resultados, o bom trabalho de um colega seja visto como "não mais que a obrigação". Só que cada pessoa quer ser reconhecida, e é preciso sair do piloto automático para elogiar. No início, iniciativas como essa surgiam no contexto da consultoria que estávamos prestando, mas, no desenrolar da jornada, Denize sentiu necessidade de estruturar um departamento de Felicidade, permitindo que o tema evoluísse de um projeto com começo, meio e fim para um elemento da estratégia de negócios da Chilli Beans. Assim foi feito.

Durante o programa, usamos ferramentas da ciência da felicidade para transformar conceitos, como por exemplo o da psicologia positiva, em práticas de gestão de pessoas. Mais que isso, abrimos a cabeça dos colaboradores para a ideia de que cada ser humano na organização tem corresponsabilidade pela felicidade. Questões importantes da vida de cada um, que não eram tratadas no ambiente de trabalho, passaram a ser discutidas semanalmente. "Isso acabou causando certa comoção entre as pessoas", conta Denize. "Elas entenderam que não são uma pessoa da porta para fora da empresa e outra da porta para dentro. São uma pessoa só, e essa história da vida profissional separada da pessoal não existe."

Aos poucos, isso foi trazendo uma leveza para o ambiente de trabalho que antes não era tão presente. Foi aproximando as pessoas. No início, numa dinâmica em que perguntei quantos amigos cada um tinha dentro da empresa, as respostas foram as de sempre: um ou dois, na maioria dos casos. Quatro, só os campeões de popularidade. É muito pouco. Propus, então, que cada colaborador convidasse um colega de quem não soubesse nem o nome para um momento juntos, fosse um café, um almoço ou jantar. O convite era para que conhecessem uma pessoa com a qual, em princípio, não tinham afinidade. Essas dinâmicas são simples, óbvias até, mas têm embasamento científico, afirma Denize. Quanto mais amigos você fizer, mais vai ter uma percepção de felicidade e maior vai ser a sua rede de apoio. Lá pelo quarto encontro de uma das turmas, um funcionário fez uma confissão. "Quando falaram que ia ter um programa de Felicidade aqui na empresa, pensei: como é que vou parar às duas horas da tarde para ficar filosofando? Não tenho tempo para isso", disse. No segundo encontro, porém, esse colaborador já estava atento ao fato de que nunca parava para refletir sobre seu próprio bem-estar.

Autoconhecimento

Tecnicamente, a Chilli Beans é uma gestora de marca. Franqueadora. As lojas não são próprias. Então, a liderança resolveu focar seu escritório central, em Alphaville, na Grande São Paulo, onde atuam trezentos colaboradores, e na unidade de logística em Extrema, Minas Gerais, com mais 150 pessoas. No total, portanto, 450 colaboradores participaram do programa. Entre eles, estão os supervisores e gerentes das regionais, que lideram a estrutura de pontos de venda, ou seja, os vendedores nas lojas. De certa forma, o trabalho impacta a rede. Internamente, percebe-se uma mudança no comportamento dos colaboradores no dia a dia — e entende-se que ela contribui para a melhoria contínua que vem sendo registrada no Ebitda (indicador que mostra a capacidade de geração de caixa de uma companhia). "É claro que esse resultado vem da entrega. Vem das metas batidas", explica Denize. No entanto, se houve um aumento no engajamento e na produtividade, isso vem do fato de as pessoas estarem bem no ambiente de trabalho. "O nosso programa de Felicidade teve um impacto no aumento do lucro da empresa", diz ela.

A Chilli Beans começou o processo com o letramento interno em ciência da felicidade. Nessa fase, trouxemos o embasamento científico da felicidade corporativa, mostrando a importância de sair do piloto automático para buscar autoconhecimento, de entender ou resgatar o propósito da companhia, de (re)descobrir a importância de investir em relações de qualidade e confiança. E apresentamos as ferramentas para que as pessoas consigam, no dia a dia, ter uma melhor capacidade de gerenciar seus desafios. Num segundo momento, tem-se buscado o monitoramento de resultados, com indicadores. Em setembro de 2024, Denize estava trabalhando havia três meses com um índice que se apoia sobre os pilares do PERMA-V. Nesse modelo, as cinco dimensões propostas originalmente pelo professor Martin Seligman (emoções positivas, engajamento, relacionamentos positivos, significado e realizações) são complementadas pelo "V" de vitalidade.

Todo mês, do dia 20 ao 30, a companhia tem seu período de reflexão. Os colaboradores respondem a perguntas como: "Eu me sinto realizado no ambiente onde estou inserido?" e "Tenho boas relações com meus colegas de trabalho?". As respostas são compiladas em um *dashboard*, no qual é possível ver onde estão os pontos sensíveis. "Vimos na parte de vitalidade uma oportunidade de melhoria porque o pessoal não está descansando direito", diz Denize. No levantamento mensal, há perguntas sobre sono, alimentação, atividade física e saúde mental. Acionado o alerta para o tema "descanso", a área de Felicidade passou a fazer campanhas sobre a importância do sono, levando palestrantes e proporcionando momentos de reflexão. A empresa não pode resolver essa questão, mas pode estimular as pessoas a sair do piloto automático. O levantamento mostrou também uma fragilidade emocional maior no público feminino, com níveis mais altos de estresse, e entre os jovens. Indo mais fundo, logo entendeu-se que muitos jovens estudam, estão na faculdade e, portanto, encaram uma jornada dupla, o que gera sobrecarga. Entre as mulheres, o que mais pesa é a maternidade.

Feito o diagnóstico, a área de Felicidade estava planejando ações para falar diretamente com esses públicos. A pesquisa é importante por isso. No decorrer de um trabalho focado em felicidade, é preciso fazer medições para atuar sobre os pontos sensíveis que aparecem. Mesmo em prática havia só três meses, o levantamento na Chilli Beans já trazia vários insights sobre vitalidade e sobre estresse do jovem e da mulher. Logo, já era uma ferramenta útil de gestão. Ter os dados na mão permitiu elencar prioridades para a alocação de recursos. Sem eles, talvez se pensasse em desenvolver uma ferramenta para elevar o engajamento. "Não preciso, meu engajamento é superalto", nota Denize. "Preciso desenvolver alguma coisa para despertar emoções positivas no ambiente de trabalho. Elas fortalecem para a jornada. Tenho grupos sensíveis, que são mulheres e jovens. Então, talvez precise trabalhar gratidão e reconhecimento."

Para onde se vai em seguida? O foco, a partir de 2025, estaria nas lideranças. A ideia era fazer um trabalho "*one-on-one*". Conversar com cada líder, discutindo as fragilidades de cada setor — também apontadas pelo levantamento mensal da área de Felicidade. "Capacitar as lideranças para que cada líder seja um agente de Felicidade", observa Denize. A jornada da felicidade não tem linha de chegada, mas ela sabe quais indicadores lhe dirão que os objetivos estão sendo alcançados, a começar pela redução do *turnover* e da incidência de questões de saúde mental. "A gente sabe que outros fatores pesam na balança. Não é só o trabalho, é toda a complexidade da vida humana."

PONTOS-CHAVE

- Felicidade corporativa significa também cultivar o máximo de conexões humanas, verdadeiras e genuínas no ambiente de trabalho, que proporcionem bem-estar. Cria-se, assim, um ambiente de segurança psicológica, no qual as pessoas confiam umas nas outras. É uma abertura para olhar as pessoas como elas são e deixar que manifestem sua individualidade.

- Todo mês, do dia 20 ao 30, a Chilli Beans tem seu período de reflexão. Os colaboradores respondem a perguntas como: "Eu me sinto realizado no ambiente onde estou inserido?" e "Tenho boas relações com meus colegas de trabalho?". Acionado o alerta para o tema "descanso", a área de Felicidade passou a fazer campanhas sobre a importância do sono, levando palestrantes e proporcionando momentos de reflexão.

- A Chilli Beans passou a abordar pautas como o "reconhecimento". É natural que, num ambiente de busca incessante de resultados, o bom trabalho de um colega seja visto como "não mais que a obrigação". Só que cada pessoa quer ser reconhecida, e é preciso sair do piloto automático para elogiar.

- No decorrer de um trabalho focado em felicidade, é preciso fazer medições para atuar sobre os pontos sensíveis que aparecem. O levantamento na Chilli Beans já trazia vários insights sobre vitalidade e sobre estresse do jovem e da mulher. Ter os dados na mão permite elencar prioridades para a alocação de recursos. Sem eles, a empresa talvez pensasse em desenvolver uma ferramenta para elevar o engajamento. Por fim descobriu-se que o mais efetivo era desenvolver ações para despertar emoções positivas e ater-se a particularidades de determinados grupos da força de trabalho.

13
O "Felicitômetro"

A verdadeira felicidade vem
de dentro. Não de fora.

Dalai Lama

NA DIVISÃO DE MOBILIDADE DA EDENRED BRASIL, plataforma de meio de pagamentos e dona da Ticket, os pilares de felicidade e diversidade estão conectados. O objetivo é ter a organização mais plana e diversa possível, de modo que as pessoas tenham não só a oportunidade e o direito de se posicionar, mas o dever: de falar, de dar suas opiniões, de contribuir e de se sentir parte da construção. "Eu acredito que a gente só constrói coisas sólidas quando tem posições diversas", explica Douglas Pina, diretor-geral da Edenred Brasil.

A liderança também estimula, no dia a dia, um olhar humanizado entre os membros do time. No caso de Douglas, não é incomum que sua equipe esteja numa videoconferência, ele olhe nos olhos dos participantes e, ao perceber que alguém não está 100% presente, mande uma mensagem privada: "Precisa de alguma coisa? Está tudo bem?". Quando fala em organização plana, Douglas pensa em uma empresa na qual todo mundo fala com todo mundo, que permite a participação de todos. "É uma organização que não tem verdade absoluta, mas tem direção, tem trajetória, visão e construção", diz Douglas. Seu compromisso é com o cliente. É o cliente que tem de estar feliz. Mas, para isso, o colaborador tem de estar feliz.

Há uma transformação interessante acontecendo no mundo empresarial atrelada ao movimento da felicidade corporativa. Uma ampliação do foco das companhias. Por muito tempo, o mantra corporativo foi "foco no cliente". Hoje ouço cada vez mais lideranças dizendo que é importante colocar o foco também no colaborador, porque, no fundo, é o colaborador feliz que vai fazer o cliente feliz. A ideia de que você trata as pessoas de qualquer jeito porque o cliente está supostamente em primeiro lugar, porque o cliente exige, está começando a ser questionada e contestada.

Para Douglas, os grandes movimentos em curso são os que conectam stakeholders: acionistas, clientes, colaboradores e a sociedade como um todo. "Eu estou falando é de cuidado com a sociedade, então é o S do ESG", diz ele. "Mas para isso você precisa ter gente feliz fazendo as coisas." Quando as pessoas nessa organização horizontal estão construindo coisas legais em conjunto, têm a oportunidade de participar das decisões e por isso se sentem valorizadas. Elas criam coisas que são sustentáveis, que ajudam a sociedade a avançar, seja do ponto de vista ambiental, seja do ponto de vista social. É assim que você cria um círculo virtuoso.

Turnaround focado em pessoas

A felicidade é um dos três pilares da área de Pessoas da Edenred Brasil desde que Douglas assumiu a divisão de Mobilidade como um todo, em 2021. Os outros são diversidade e talentos. Essas são as três dimensões nas quais se concentram os principais KPIS (indicadores-chave de desempenho). Foi ele quem incorporou a felicidade ao *dashboard* de gestão da companhia. A crença na relevância do tema Douglas trouxe de sua experiência na liderança do Carrefour. "O primeiro negócio que eu toquei lá foi o de postos de combustível", conta. Era uma operação de quase 2 mil pessoas trabalhando no sábado, na chuva, no sol. Foi onde Douglas entendeu mais sobre felicidade no trabalho. Um dia, ele reuniu o time e decretou: "Olha, o negócio é ser feliz".

Há alguns fatores que fazem com que um motorista abasteça seu carro sempre no mesmo posto ou troque de ponto de venda ao primeiro desconto. Um deles é conveniência. Muita gente vai sempre ao posto perto de casa. Outro fator tem a ver com o relacionamento cliente-colaborador. Se você conhece o frentista, sabe o nome dele e é sempre bem tratado, vai pensar duas vezes antes de mudar de posto. Você cria uma relação de confiança com o posto de combustível, que começa a lhe oferecer mais produtos. E melhora a produtividade por bomba. Para isso, o estabelecimento não pode ter *turnover* muito alto — que é o padrão no setor.

Douglas trocou equipamentos em certos postos e também mudou algumas lideranças, mas principalmente estimulou um atendimento mais humano e proativo. Conversou com muitos frentistas, promoveu um ambiente onde esse olhar humano de conexão das pessoas fosse incentivado. Com essas mudanças, o *turnover* foi reduzido de 60% para 45% nos postos Carrefour. Essa é uma operação razoavelmente complexa, mas sua lógica é bastante simples, como a de todo comércio. "Você entra numa loja qualquer e é recebido por uma cara fechada. Você entra na loja do vizinho e é recebido com um sorriso. Eu acredito no sorriso. Genuíno", diz Douglas. "Tem que estar feliz."

No início, seu desafio foi derrubar barreiras, já que, segundo ele, o Carrefour é extremamente hierárquico. "Eu chegava num posto, e o frentista me chamava de senhor, de seu Douglas, porque eu era diretor", conta. "Eu dizia: 'Se você me chamar de seu Douglas vou te advertir'. Mas falava num tom de brincadeira." Ele percebia que onde havia uma liderança mais próxima as pessoas trabalhavam com mais leveza. E melhor. "A operação ficou mais pegada, no bom sentido, ficou mais 'Vamos lá', afirma Douglas. De julho de 2013 a fevereiro de 2017, a nossa produtividade por bomba cresceu 23%."

O passo seguinte foi sua mudança para o Carrefour Express, onde ficou de fevereiro de 2017 a janeiro de 2019. Saindo dessa experiência na varejista francesa, Douglas chegou à Edenred em 2019, assumiu a direção-geral em 2021 e começou a introduzir o tema felicidade na empresa.

"Felicitômetro"

O programa de Felicidade Corporativa na empresa é estruturado em duas frentes. A primeira é de escuta — há um cronograma de pesquisas sobre o tema. A segunda é de leitura dos resultados, imersão nos dados gerados e compartilhamento com os diretores-gerais de Mobilidade, uma das quatro empresas que compõem a organização no país. A Edenred possui três unidades de negócio, com atendimento ao cliente, e uma divisão transversal a elas. Pay e Punto estão no ramo de meio de pagamento e adquirência. Ticket, no de benefícios. A Edenred Mobilidade, por sua vez, é composta de diversas empresas: Ticket Log (gestão de frotas), Repom (logística), Green Pass (tecnologia para pagamento de pedágios) e PagBem (soluções para frete e pedágio). "É uma área complexa. A gente não é tão conhecido no mercado", afirma Giovanna Abbud Malagrino, responsável pela experiência do funcionário e engajamento na Edenred Brasil. Isso cria uma dificuldade de marca empregadora, sobretudo na comparação com a Ticket, uma marca forte graças ao famoso cartão de vale-refeição. E é justamente nessa área, Mobilidade, que estão concentradas as iniciativas de felicidade corporativa da Edenred. Estamos falando de 1500 pessoas na unidade, que é a maior estrutura da holding no Brasil. A Ticket tem aproximadamente novecentos funcionários. Pay e Punto têm trezentos. Só a Edenred Mobilidade é que tem uma pesquisa de felicidade, chamada "Felicitômetro".

Ela está estruturada em dois blocos de perguntas, um fixo e outro variável. O fixo é para dar um histórico ao levantamento. Basicamente, aplica-se o conceito de PERMA, de Martin Seligman. Há três perguntas por dimensão (emoções positivas, engajamento, relacionamentos positivos, significado e realizações) e um NPS (*Net Promoter Score*, normalmente uma métrica que mede a satisfação e a fidelidade dos clientes com uma empresa) de felicidade — "o quanto você recomendaria a Edenred como um lugar feliz para se trabalhar?". Outra pergunta que consta no questionário, "Estou feliz por trabalhar em Mobilidade?", gera o indicador principal da pesquisa, chamado internamente de *Happiness Index* (Indicador de Felicidade).

O bloco variável serve para abordar os temas do momento. Em novembro de 2024, por exemplo, a divisão de Mobilidade aplicou um Felicitômetro em que o bloco variável teve como tema "liderança". Já houve outros assuntos, como cultura e diversidade. Inicialmente, a aplicação da pesquisa era trimestral e, até 2024, complementar ao GPTW. A periodicidade, porém, estava sendo revista. A participação é voluntária, e a adesão é um dos critérios para mensurar o sucesso.

A Edenred começou a aplicar o Felicitômetro, como piloto, em outubro de 2023. Teve 60% de adesão. Foi sofrido e doído, nas palavras de Giovanna Malagrino. Uma das motivações da divisão de Mobilidade para criar o Felicitômetro e escutar mais as pessoas foi a percepção de que a empresa ouvia seus clientes, mas não seus funcionários.

Outro fator é geográfico. A Edenred está espalhada pelo país. Há muita gente em home office, mas a sede principal é no Rio Grande do Sul. Logo, era preciso criar um mecanismo para escutar pessoas distantes umas das outras — o que vale para os dois diretores-gerais de Mobilidade: Douglas Pina, que fica em São Paulo, e Eduardo Fleck, sediado no Sul. Lá, a companhia ainda é dividida entre Porto Alegre e Campo Bom, no Vale do Rio dos Sinos, distante cerca de cinquenta quilômetros da capital.

"É uma estrutura completamente diferente, um ambiente de trabalho completamente diferente, são pessoas completamente diferentes", explica Giovanna. "Eu não conseguia fazer um plano de ação ou de engajamento com a cabeça que tenho aqui em São Paulo. E não dá para viajar para o Rio Grande do Sul todo dia." Ela precisava, portanto, entender e escutar mais as pessoas que estavam longe. Foi com essa realidade em mente que a área fez uma imersão nos resultados do Felicitômetro e transformou-os em apresentações para os diretores. Em dezembro de 2024, a companhia conquistou 83% de adesão nas pesquisas sobre felicidade.

Cruzando indicadores

Em 2023, a Edenred começou alguns treinamentos de liderança, introduzindo conceitos da ciência da felicidade. Para 2025, estava prevista uma nova rodada de capacitação dentro de um treinamento específico para líderes. Lideranças em geral, mas sobretudo os altos executivos, têm acesso a uma série de equipamentos, dispostos como se fossem um *cockpit*, um painel de avião. Atualmente, um desses monitores é o Felicitômetro. Ou seja, é um dos controles que os "pilotos da companhia" podem e devem usar quando estão planejando e gerindo os times. Ali aparecem para eles resultados como o NPS da felicidade, o *Happiness Index*, a taxa de adesão à pesquisa e uma média do bloco PERMA, usada como indicador de "favorabilidade". Em 2024, este último indicador foi de 77%, o que significa que 77% das pessoas deram notas entre 4 e 5.

Favorabilidade é um retrato do presente. As pessoas respondem à pesquisa com base no que estão sentindo no dia. Já quando vão responder ao NPS fazem uma retrospectiva — o desejável é que façam. Então pode-se ter essas duas visões. Havendo interesse do líder, é possível acessar outros indicadores e cruzar dados: visão de talentos, visão de detratores, demografia, cenário de diversidade. O departamento de RH da divisão de Mobilidade hoje tem três grandes direcionadores, que são felicidade, diversidade e gestão de talentos — e está tentando fazer com que eles deixem de ser temas de recursos humanos e passem a ser preocupações da organização. Giovanna estima que 40% dos líderes já usam o Felicitômetro no dia a dia. Cerca de 30% tentam utilizá-lo, sem muito sucesso. E 10% o ignoram.

Para aumentar o engajamento e o alcance, a divisão de Mobilidade criou um programa de embaixadores, semelhante ao que vimos realizado na cervejaria Heineken. No fim de 2024, eram onze os embaixadores da felicidade na Edenred — a primeira meta é atrair um representante por diretoria; há vinte delas. Na de Manutenção, por exemplo, não havia embaixador. As pessoas que vão compor esse primeiro colegiado estavam sendo escolhidas a dedo. Uma vez atingida a meta de um embaixador por diretoria, o programa deverá ser aberto a "quem mais estiver a fim de fazer isso acontecer".

"Lá vem o RH com mais pesquisa"

Em sua primeira versão, o Felicitômetro era só uma porção de "carinhas". As pessoas entravam na ferramenta e escolhiam a que melhor retratava o modo como estavam se sentindo. Foi o jeito que a área encontrou (fácil, rápido e prático) de deixar um dos diretores-gerais felizes com o tema.

Na experiência anterior de Giovanna, a reação das equipes a iniciativas do tipo geralmente envolvia o seguinte pensamento: "Lá vem o RH com mais uma pesquisa chata". Naquele momento pós-pandêmico, a divisão de Mobilidade tinha atingido seu melhor resultado na pesquisa do GPTW, justamente pela forma como havia cuidado de seu time durante a crise sanitária. Foi quando Douglas se conectou com o tema e teve um insight: "Esse é o segredo". Cuidar das pessoas efetivamente, entender o que as faz felizes. Ótimo, mas Giovanna precisava de conceitos, de referências. E foi buscá-los. Primeiro, conectou-se com uma consultoria de bem-estar, e foi desenhado o questionário do Felicitômetro, com as perguntas fixas do PERMA. A consultoria fez uma imersão com os colaboradores em geral, e com a liderança em particular.

Em seguida, Giovanna se formou *Chief Happiness Officer* e ganhou autonomia para falar sobre o tema e tocar o projeto. Sua equipe criou um *Happiness Plan* (Plano da Felicidade), com algumas ações e um mapa de impacto versus esforço, para decidir o que a empresa atacaria primeiro. Giovanna e eu nos conhecemos num fórum aberto on-line, na virada de 2022 para 2023.

Começamos a estruturar a formação de embaixadores, com um programa bem desenhado que visava conquistar a liderança para o tema, mostrando (com dados de pesquisas e referências de outras empresas) que investir em felicidade traria resultados e conectaria os times, gerando maiores conexões e relações de qualidade e confiança.

O foco em 2024 esteve no desenho do programa de embaixadores. Para 2025, já estávamos contratados para realizar o LEA, com um treinamento envolvendo duzentos líderes. Entendo que esse é um processo que demanda subir degrau a degrau. O que foi construído no passado é base para atingirmos conquistas maiores. Definir os próximos passos, porém, não é nada trivial. Quando vasculha o mercado em busca de *benchmarks*, a área de Experiência do Funcionário encontra muito pouco. Exemplo: quando colaboradores são convidados a levar seus animais de estimação para o escritório. Contudo, quando se olha para dentro de casa, percebe-se uma série de questões estruturais que precisam ser resolvidas. Enfrentá-las não vai ser rápido.

Por um bom tempo, pôr a casa em ordem não vai mudar o resultado do Felicitômetro. As pessoas não vão ficar felizes, por exemplo, porque a estrutura de cargos da organização está sendo revista. Nem vão enxergar o processo até que os resultados sejam anunciados. Em contrapartida, se o RH realizar qualquer ação pontual visível, como uma Semana da Carreira, é provável que mexa o ponteiro — sem atacar a causa-raiz do problema.

Esse dilema foi levado aos diretores-gerais, e o jogo foi combinado. A ideia é dividir as ações em duas partes: uma estrutural e outra visível. E monitorar os impactos nos indicadores que compõem o Felicitômetro. No NPS, por exemplo, a divisão de Mobilidade fechou 2024 no limite inferior do que Giovanna chama de "zona de qualidade" — resultado que ela considera bom e ruim ao mesmo tempo. Ruim porque a ambição é estar muitos degraus acima. Bom porque ela sente que, cada vez mais, as pessoas estão dizendo a verdade nas pesquisas. Naquele momento, a expectativa era de que, passando da teoria para prática em seu processo de letramento em felicidade corporativa, os líderes conseguissem olhar ferramentas como essa e gerar planos de ação.

É natural que, num primeiro momento, quando se começa a medir felicidade, os resultados não sejam bons. Até porque essa experiência inicial é meio catártica: "Ah, tenho um lugar para falar, então vou despejar o que estava preso na garganta". O fato de despejar já ajuda as pessoas a se sentirem melhor. É quase uma terapia. Se não estou me sentindo escutado, fico bravo. Quando estou falando em algum canal e vejo as pessoas se mexendo, tomando uma atitude, posso respirar aliviado e avaliar tudo mais objetivamente. Do ponto de vista dos líderes, é preciso superar a reação, profundamente humana, de querer saber "quem está baixando minha nota".

O problema está naquilo colocado na mesa. Se o responsável foi João ou Bianca não faz diferença. Por isso, as pesquisas são confidenciais, e os resultados não são abertos. À medida que entendem que esse é um ambiente seguro, as pessoas se sentem mais à vontade para falar. Também é importante ter líderes engajados no tema, entendendo por que estão gerindo felicidade. Não é só pelo resultado, só porque pessoas felizes produzem mais e melhor. "Você está cuidando de pessoas, que passam mais tempo com você do que as famílias delas", nota Giovanna. Sua intenção é trazer esse tema para o dia a dia das lideranças de forma genuína e cultural. "Não quero forçar ninguém a falar sobre isso." Outro desejo é que, cada vez mais, essa pauta seja discutida em fóruns estratégicos e levada em consideração. Que os dados extraídos do Felicitômetro sejam tratados como indicadores efetivos para toda a organização.

PONTOS-CHAVE

- Há uma transformação interessante acontecendo no mundo empresarial e ela está atrelada ao movimento da felicidade corporativa. Uma ampliação do foco das companhias. Por muito tempo, o mantra corporativo foi "foco no cliente". Hoje ouço cada vez mais lideranças dizendo que é importante trazer o foco também para o colaborador, porque, no fundo, é o colaborador feliz que vai fazer o cliente feliz. A ideia de tratar os funcionários de qualquer jeito porque o cliente está supostamente em primeiro lugar, porque o cliente exige, está começando a ser questionada.

- Uma das motivações da Enreded para criar o Felicitômetro, uma pesquisa específica sobre felicidade, veio da percepção de que a empresa ouvia seus clientes, mas não seus funcionários. Na prática, o Felicitômetro ajuda também a companhia a ouvir de forma mais próxima funcionários de uma mesma unidade espalhados por diversas operações do país.

- O Felicitômetro está estruturado em dois blocos de perguntas, um fixo e outro variável. O fixo aplica o conceito de PERMA, de Martin Seligman, para medir o NPS. O bloco variável serve para abordar os temas do momento, como liderança humanizada.

- Por um bom tempo, pôr a casa em ordem não vai mudar o resultado do Felicitômetro. As pessoas não vão ficar felizes, por exemplo, porque a estrutura de cargos da organização está sendo revista. Nem vão enxergar o processo até que os resultados sejam anunciados. É preciso dosar os resultados e convencer líderes a utilizarem os dados colhidos para estruturar novas ações.

14
A maneira como trabalhamos

Não há caminho para a felicidade.
A felicidade é o caminho.

Buda

HÁ 3 BILHÕES DE PESSOAS TRABALHANDO NO MUNDO. Cerca de 40% delas dizem que estão felizes no trabalho. Isso significa que cerca de 1,8 bilhão, ou quase 2 bilhões de pessoas, não está. Os dados são descritos por Michael Bush, CEO global do GPTW, em um episódio de The Way We Work, uma série do TED.[1] Partindo dessa realidade, Bush levanta três questões fundamentais na série:

- O que se pode fazer para ter uma empresa mais feliz?
- Como o líder pode contribuir para a felicidade das pessoas que trabalham com ele?
- Como a felicidade corporativa pode impactar a relação da empresa com seus clientes?

Segundo Bush, que tem acesso à fonte de informações e dados globais do GPTW, organizações com funcionários felizes obtêm um crescimento até três vezes maior na receita. "E se olharmos para o *turnover* de funcionários, é metade daquele das organizações que têm um monte de empregados infelizes", afirma. "A parte milagrosa é que você não precisa gastar mais dinheiro para fazer acontecer. Não se trata de mesas de pingue-pongue, massagens e passeios com o cachorro", diz o CEO. "Tem tudo a ver com a maneira como eles [colaboradores] são tratados pelos líderes e pelas pessoas com quem trabalham."

Três ideias para fazer um funcionário feliz

Bush compartilha algumas ideias capazes de incrementar os níveis de felicidade:

IDEIA 1 — CONFIANÇA E RESPEITO

Em organizações nas quais os empregados são felizes, duas coisas estão presentes: confiança e respeito. Líderes sempre dizem "Confiamos em nossos colaboradores. Empoderamos nossos colaboradores. Mas, quando um colaborador precisa de um notebook — e este é um exemplo real —, quinze pessoas precisam aprovar", comenta Bush. "Então, para o funcionário, as palavras estão certas, mas quinze níveis de aprovação para um laptop de 1,5 mil dólares?"

Você gasta mais dinheiro na aprovação do que no próprio laptop, e o empregado sente que talvez não confiem nele. Então, o que uma organização pode fazer para ter um alto nível de confiança?

"A primeira organização que me vem à mente é a Four Seasons", afirma Bush. A rede de hotéis tem propriedades magníficas no mundo todo, e diz a seus colaboradores: "Faça tudo o que considerar certo quando estiver atendendo o cliente". Oferecer essa confiança aos funcionários, para fazer o que quer que considerem certo, faz com que se sintam ótimos. "E é por isso que eles são conhecidos por entregar uns dos melhores serviços no mundo."

IDEIA 2 — JUSTIÇA

"O que corrói a confiança mais rápido numa organização é quando os empregados se sentem tratados injustamente", afirma Bush. Colaboradores querem ser tratados do mesmo modo que os demais, independentemente de cargo, tempo de casa, idade e experiência. Quando pensa em organizações que acertam no quesito justiça, a primeira que lhe vem à mente é a Salesforce. Eles descobriram que homens e mulheres trabalhando na mesma posição, com o mesmo nível de proficiência, recebiam remunerações diferentes. Imediatamente, calcularam a diferença e investiram 3 milhões de dólares para equilibrar as coisas.

IDEIA 3 — ESCUTAR

"Para ser um ouvinte que se relaciona com todos os tipos de pessoas, temos que desaprender algumas coisas", pondera Bush. "Todos nós aprendemos sobre escuta ativa e contato visual: um olhar fixo, intenso e compassivo. Isso não é escutar. Repetir o que a pessoa diz não é escutar. Ser humilde e sempre buscar a melhor ideia possível, isso é escutar. Os funcionários podem sentir se você está fazendo isso ou não. Quando conversam com você e compartilham uma ideia, eles querem saber: você a considerou ao tomar uma decisão? A única coisa que todos apreciam e querem quando estão falando é saber que o que dizem é tão importante que você realmente pode mudar de ideia." Caso contrário, para que ter a conversa?

"Todos sabemos o que precisamos mudar, o que precisamos fazer de forma diferente. O modo como você se comporta, como trata os outros, como reage, como apoia, define a experiência de trabalho para todos ao seu redor", nota Bush. "Mudar para ser uma pessoa melhor? O mundo está cheio disso. Mas mudar pois há algo em que se acredita, por algum propósito que você tem, quando está disposto a arriscar quase tudo porque é tão importante para você, esta é a razão para mudar. Se não for, você deveria achar outro lugar para trabalhar."

Sucesso traz felicidade?

Precisamos inverter a fórmula do sucesso. Em geral as pessoas pensam que serão felizes quando conquistarem isso ou aquilo. O que a pesquisa de Shawn Achor mostrou, como já vimos, é que, quando foca em aumentar a felicidade, você acaba aumentando o sucesso. Se aumentamos nossos níveis de otimismo ou aprofundamos nossas conexões sociais, nossos resultados melhoram drasticamente. "Você pode aumentar suas taxas de sucesso para o resto de sua vida, e seus níveis de felicidade se estabilizarão, mas, se você aumentar seu nível de felicidade e aprofundar o otimismo, descobrirá que cada uma de suas taxas de sucesso aumenta drasticamente em comparação com o que teria sido negativo, neutro ou estressado", disse ele.

Achor nos ensina que:

- O sucesso não traz felicidade. A felicidade traz sucesso;
- Problemas devem ser vistos como desafios, não como ameaças;
- Mais trabalho significa que você precisa de mais apoio social. E dar apoio é melhor do que receber.

Shawn Achor, como você deve se lembrar, é o autor de best-sellers como *O jeito Harvard de ser feliz* e *Before Happiness* [Por trás da felicidade]. Durante anos, estudou felicidade em Harvard. "Fez o que muitos pesquisadores nunca fazem: em vez de eliminar os valores discrepantes dos dados, ele os estudou agressivamente", explica em seu blog Eric Barker, autor do best-seller *Barking Up the Wrong Tree* [Latindo para a árvore errada], que vendeu mais de meio milhão de cópias e foi traduzido para dezenove idiomas.[2] "Ele queria saber o que as pessoas com superpoderes de felicidade fazem e nós não." Em vez de excluir dos dados aquelas pessoas que são esquisitas, o que Achor faz é estudá-las intencionalmente. "Tentamos descobrir por que, embora toda uma equipe de vendas tenha números baixos, encontramos três ou quatro pessoas cujas vendas estão disparando", explicou ele.

Shawn acredita (e sua pesquisa comprova) que você pode fazer coisas para ser mais feliz. E ser mais feliz o tornará mais bem-sucedido. Barker entrevistou Achor e compartilhou alguns insights em seu blog.

1. O SUCESSO TRAZ FELICIDADE? NÃO. FELICIDADE TRAZ SUCESSO

Todos nós buscamos o sucesso esperando que isso nos faça felizes. Pensamos:

- Ficarei feliz quando conseguir essa promoção;
- Ficarei feliz quando conseguir esse aumento;
- Ficarei feliz quando perder quinze quilos.

No entanto, a pesquisa de Achor mostra que isso não é verdade. A alegria associada ao fato de atingirmos uma meta é efêmera. Contudo, quando você inverte a fórmula e se concentra em aumentar a felicidade, acaba aumentando o sucesso. "Se conseguirmos que alguém aumente seus níveis de otimismo ou aprofunde sua conexão social ou aumente a felicidade, todos os resultados comerciais e educacionais que sabemos testar melhoram drasticamente", diz Achor.

A MET Life obteve resultados tão bons entre vendedores felizes que fez uma experiência: começou a contratar profissionais com base no otimismo. E fez isso mesmo que essas pessoas tivessem um desempenho ruim no "teste de aptidão" padrão da indústria. Resultado: o grupo otimista vendeu 19% mais que seus homólogos pessimistas no primeiro ano e 57% no segundo.

Como isso pode ser verdade? Achor explica que inteligência e habilidades técnicas preveem só 25% de sucesso. Como já vimos, 75% do sucesso profissional no longo prazo é previsto por três categorias abrangentes: o otimismo (que é a crença de que seu comportamento é importante em meio ao desafio); a conexão social (se você tem ou não profundidade e amplitude em suas relações sociais); e a maneira como você percebe o estresse. Logo, sua atitude tem um efeito enorme no seu sucesso.

2. VEJA OS PROBLEMAS COMO DESAFIOS, NÃO COMO AMEAÇAS

Achor fez um estudo sobre banqueiros logo após a crise bancária de 2007 e 2008. A maioria deles estava muito estressada, mas alguns estavam felizes e resilientes. O que estes últimos tinham em comum? Eles não viam os problemas como ameaças, e sim como desafios a serem superados. Shawn fez um experimento que provou que essa atitude pode ser aprendida.

"Só de mostrar aos banqueiros comuns um vídeo explicando como encarar o estresse como um desafio, ele transformou banqueiros tristes em superbanqueiros", exagerou Barker.

O experimento produziu não só aumento significativo nos níveis de felicidade dos banqueiros, mas também uma melhoria drástica nos seus níveis de envolvimento no trabalho.

3. O DOBRO DE TRABALHO SIGNIFICA QUE VOCÊ PRECISA DO DOBRO DE AMIGOS

Depois de concluir seu trabalho de graduação em Harvard, Achor foi monitor na mesma universidade, ajudando os calouros a se adaptarem ao ambiente competitivo e estressante dos estudos. Muitos respondiam à carga de trabalho morando na biblioteca e fazendo as refeições no próprio quarto para que pudessem continuar estudando. Esses alunos tiveram o melhor desempenho? Não.

Achor dizia a eles que o que eles estavam fazendo sem saber era se separar do maior preditor de felicidade. As pessoas que melhor sobrevivem ao estresse são aquelas que realmente aumentam seus investimentos sociais em meio ao estresse, o que é o oposto do que a maioria de nós faz. Conexão social é o maior preditor de felicidade em situações estressantes. "E o que acabamos de aprender sobre felicidade? Ela prediz sucesso", escreveu Barker. Quer resistir ao estresse, aumentar a produtividade e conseguir uma promoção? "Então não apenas procure apoio social — forneça-o a outras pessoas", prossegue ele.

Como mostra uma famosa pesquisa de Adam Grant, da Universidade Wharton, pessoas que prestam apoio social têm os maiores benefícios. Achor viu isso não só com seus alunos em Harvard, mas desde então prestou consultoria a mais de um terço das empresas da *Fortune 100* — e a mesma lógica funcionou. Os altruístas no trabalho tinham dez vezes mais probabilidade de estar engajados do que o quartil inferior dessa lista, e o quartil superior estava significativamente mais feliz e era 40% mais propenso a ser promovido nos próximos dois anos.

Pesquisas da McKinsey nos últimos anos têm mostrado que os consumidores se importam muito com o bem-estar — e que seu interesse vem crescendo.[3] Em um levantamento com cerca de 7,5 mil consumidores de seis países em 2021, 79% dos entrevistados disseram acreditar que o bem-estar é importante e 42% consideram-no uma das maiores prioridades. A consultoria calculou o valor do mercado global de bem-estar em mais de 1,5 trilhão de dólares, com crescimento anual de 5% a 10%. O consumidor de hoje vê o bem-estar em seis dimensões complementares:

Saúde melhor — Provavelmente a categoria mais tradicional associada ao bem-estar, vai além de medicamentos e suplementos e inclui dispositivos médicos de consumo, bem como monitores de saúde pessoal. Cada vez mais, os consumidores vêm tomando as rédeas de sua saúde.

Forma física melhor — Os consumidores estão com dificuldade em manter a forma física que tinham antes da covid-19. Muitos não voltaram ao nível anterior de atividade física mesmo quando os lockdowns foram abrandados ou suspensos. No entanto, as metas de forma física permanecem.

Nutrição melhor — Esta dimensão sempre fez parte do bem-estar, só que agora os consumidores querem não só que os alimentos sejam saborosos, mas que os ajudem a atingir seus objetivos de bem-estar. Mais de um terço dos consumidores de todo o mundo relata que "provavelmente" ou "certamente" aumentarão os gastos com aplicativos de nutrição e dietas.

Aparência melhor — Envolve principalmente produtos de beleza (como suplementos de colágeno e cuidados com a pele) e vestuário voltados ao bem-estar. Diversas ofertas de serviços surgiram recentemente nessa área, sobretudo na forma de procedimentos estéticos não cirúrgicos.

Sono melhor — É uma categoria relativamente nova que está se difundindo entre consumidores. Os medicamentos tradicionais para o sono, como a melatonina, agora ganharam companhia: os monitores de sono que se conectam a aplicativos, além de outros produtos para melhorar o sono (por exemplo, cortinas blecaute e cobertores pesados). Metade dos consumidores do mundo todo relata desejar mais produtos e serviços que atendam à necessidade de um sono melhor.

Mindfulness — Vem ganhando aceitação junto ao grande público há relativamente pouco tempo, na forma de aplicativos com foco na meditação, como Headspace e Calm, e de ofertas voltadas ao relaxamento, como Travaasa e Soothe. Durante a pandemia de covid -19, as queixas de problemas de saúde mental aumentaram globalmente; mais da metade dos consumidores em cada um dos países pesquisados disse querer dar maior prioridade ao *mindfulness*.

A pesquisa trouxe à luz o fato de que o aumento do nível de bem-estar relatado pelos consumidores ficou aquém das esperanças e expectativas deles em todos os países, exceto na China e no Brasil, o que indica que o mercado pode estar mal atendido. A maioria dos consumidores no mundo inteiro relata que seu nível de bem-estar pessoal está estagnado ou mesmo em queda. A preocupação com o bem-estar está aumentando mais rápido que o bem-estar real dos consumidores.

PONTOS-CHAVE

- Em organizações em que os funcionários são felizes, duas coisas estão presentes: confiança e respeito.
- "A coisa que corrói a confiança numa organização mais rápido é quando os empregados se sentem tratados injustamente", afirma Michael Bush, CEO global do GPTW.
- A única coisa que todos apreciam quando estão falando é saber que o que dizem é tão importante que você (líder) realmente pode mudar de ideia.
- "O modo como você se comporta, como trata os outros, como reage, como apoia, define a experiência de trabalho para todos ao seu redor", observa Michael Bush.

- Precisamos inverter a fórmula do sucesso. Em geral, as pessoas pensam que serão felizes quando conquistarem isso ou aquilo, mas a pesquisa de Schawn Achor mostra que isso não é verdade. A alegria associada a atingir uma meta é efêmera.

- A verdade é que quando nos concentramos em aumentar a felicidade, se aumentamos nossos níveis de otimismo ou aprofundamos nossas conexões sociais, os resultados melhoram drasticamente.

- A MET Life obteve resultados tão bons entre vendedores felizes que fez uma experiência: começou a contratar profissionais com base no otimismo — mesmo que essas pessoas tivessem desempenho ruim no "teste de aptidão" padrão da indústria. O grupo otimista vendeu 19% mais que seus homólogos pessimistas no primeiro ano e 57% mais no segundo ano.

- As conexões sociais são o maior preditor de felicidade em situações estressantes — e felicidade prediz sucesso.

- Não apenas procure apoio social — forneça-o a outras pessoas. Como mostra uma famosa pesquisa de Adam Grant, da Universidade Wharton, pessoas que prestam apoio social têm os maiores benefícios.

- Pesquisas da McKinsey nos últimos anos têm mostrado que os consumidores se importam muito com o bem-estar — e que seu interesse vem crescendo. A consultoria calculou o valor do mercado global de bem-estar em mais de 1,5 trilhão de dólares.

15
Lições de sustentabilidade e propósito

Felicidade é quando o que você pensa, o que você diz e o que você faz estão em harmonia.

Mahatma Gandhi

A AM FERNANDES INCORPORADORA foi fundada em 2014 e tinha apenas nove funcionários quando começou seu programa de Felicidade Corporativa, em 2017. É um exemplo de como é possível desenvolvê-lo com uma estrutura menor e mais enxuta. Atuante no ABC paulista, a empresa tem uma cultura de autonomia, responsabilidade e participação. Focado nessas questões, Marlon Fernandes, seu fundador, quis implementar um programa de felicidade e performance logo no terceiro ano da incorporadora.

Em seu núcleo de amigos e familiares, eram comuns as reclamações sobre o mundo corporativo. "As pessoas estão sempre insatisfeitas com o dia a dia de trabalho, com a vida", afirma.[1] Antes de empreender, Marlon participou do programa de trainee de uma grande varejista. Naquele período, incomodava-o o fato de perceber que havia ali boas ideias, projetos legais, mas, no todo, o trabalho não lhe dava satisfação. Então, quando fundou a AM Fernandes, a (in)felicidade foi algo com que se preocupou. Seu objetivo era criar um ambiente no qual as pessoas se satisfizessem com o trabalho, se sentissem bem, fossem entendidas e respeitadas.

Esse é um caso importante, porque a maioria das empresas no Brasil é pequena ou média. Dados do Ministério do Desenvolvimento, Indústria, Comércio e Serviços[2] mostram que, dos mais de 21 milhões de empresas ativas no país no segundo quadrimestre de 2024, 93,4% são microempresas ou empresas de pequeno porte. Além disso, 90% das empresas no Brasil têm perfil familiar, segundo dados do Instituto Brasileiro de Geografia e Estatística (IBGE).[3] Colocar a felicidade na pauta, portanto, é muitas vezes uma decisão pessoal do dono ou da dona da companhia.

No caso da AM Fernandes, o empresário por trás do negócio enxergou cedo as vantagens de iniciar a jornada quando se é uma empresa pequena. "É mais fácil saber o que está acontecendo. Você acaba tendo uma visão como gestor de problemas [pelos quais] as pessoas estão passando, momentos complicados", diz Marlon. Também é mais fácil conhecer sonhos e anseios dos membros do time.

Dentro do programa de Felicidade Corporativa, realizamos a dinâmica da Lista da Felicidade. Ao pedir às pessoas que listassem cem coisas que lhes trazem ou trariam felicidade, descobrimos que muita gente lá tinha o sonho de saltar de paraquedas. Marlon pensou: Por que não? E decidiu bancar a experiência. Fui junto com o pessoal. Saltei com Marlon, seu pai, Adão — o "AM" no nome da empresa é das iniciais de Adão e Marlon — e os outros colaboradores interessados na aventura. Matheus Sena, do time de Tecnologia, nunca tinha andado de avião. Sua primeira vez foi logo para saltar de paraquedas! O ponto principal para Marlon é que a felicidade corporativa é um investimento que gera benefícios não só para os funcionários, mas também para a empresa, sob a forma de melhor desempenho, maior retenção e melhor relação colaborador-cliente.

Marlon abriu espaço para as pessoas falarem de interesses pessoais, temas que dizem muito sobre a essência do indivíduo, num ambiente acolhedor. Lembro das nossas reuniões sobre felicidade e de conversas sobre inteligência artificial, bitcoin, metaverso e astrologia. Os colaboradores sugerem pautas pelas quais são apaixonados para debater em encontros semanais no horário de trabalho. Uma hora de cada semana é destinada à felicidade corporativa.

Conversa-se sobre hobbies, sobre o que está acontecendo na vida de cada um, sobre as notícias do momento. É uma reunião muito leve, em que se fala sobre temas relevantes, mas cujo objetivo é que as pessoas se conheçam melhor. Na última sessão de que participei, fizemos o famoso *assessment* MBTI. A avaliação do Indicador de Tipo Myers-Briggs (MBTI, na sigla em inglês) é um teste de personalidade que categoriza as pessoas em dezesseis tipos de personalidade. Nada mais adequado, já que a ideia é ter um momento para pensar na sua felicidade, no seu autoconhecimento. Esses encontros permitem também que novos funcionários entendam como funciona a empresa e experimentem na prática a cultura da AM Fernandes — uma cultura inovadora, que incorpora questões de sustentabilidade e propósito, com ações práticas inusuais em pequenas empresas.

A AM Fernandes vende o maior ativo que a maioria das pessoas adquire ao longo da vida: um apartamento. Então, a companhia sabe que tem uma responsabilidade muito grande. Sabe também que o atendimento do mercado imobiliário não costuma ser o melhor. "A pessoa, quando compra um carro, muitas vezes é mais bem atendida do que quando compra um apartamento", diz ele.

Relação com a sociedade

Obras, como regra, geram impactos negativos onde são realizadas. "São três anos de problemas para o bairro. Isso é um fato", diz Fernandes. "É caminhão de concreto, barulho, sujeira." Quando a incorporadora compra um terreno, ele fica muito tempo fechado, isolado por tapumes, até obter as aprovações necessárias para a construção de um edifício. Por que não gerar um benefício para o bairro? Em um de seus primeiros projetos, em 2022, durante esse período de espera, a AM Fernandes construiu uma praça aberta, com espaço para crianças e animais de estimação, e promoveu eventos para ativação de sua marca. Desse modo, certamente gerou visibilidade positiva na região por meio do que Fernandes chama de "gentileza urbana".

Para Marlon, o ponto a destacar é que, quando uma empresa decide fazer a diferença no setor em que atua, gera um benefício para a cadeia como um todo. O idealismo da marca de roupas Patagônia, por exemplo, tem grande impacto sobre os funcionários, que percebem estar trabalhando por algo maior. Encontram propósito numa empresa que se preocupa com o meio ambiente e que tem uma forte atuação social. Veem o impacto positivo de seu trabalho na sociedade. Fornecedores e clientes se relacionam com uma companhia desse tipo de uma forma diferente.

Praticante do capitalismo consciente, a AM Fernandes concebeu um modelo no qual cada apartamento vendido custeia cursos profissionalizantes para crianças que sofreram abuso e estão em orfanatos. São práticas que injetam propósito no negócio e dão sentido ao trabalho.

É, também, uma questão de coerência. "Não adianta ter um ambiente corporativo feliz se a empresa tem impacto ruim para a sociedade", observa Marlon. Essa é uma preocupação de natureza ética. Não é correto trabalhar felicidade dentro da companhia ignorando seu papel nas comunidades onde ela atua, na sociedade em geral e no meio ambiente.

Temos de procurar ser coerentes e consistentes. Cuidar das pessoas que estão na empresa e, por consequência, como legado, provocar um impacto positivo na sociedade.

O que você, em seu trabalho, está fazendo para gerar impacto positivo no mundo?

Como isso se conecta à sua felicidade pessoal e ao bem-estar no ambiente de trabalho?

Tão ou mais significativo do que as influências corporativas para entender a filosofia de negócios conscientes de Marlon é o fato de ele ter se tornado pai. A paternidade lhe trouxe outra perspectiva do mundo. Outras prioridades e questionamentos. "Você acaba lidando com a vida e com o trabalho de uma maneira diferente", diz ele. "Hoje [...] minha felicidade é totalmente relacionada com o meu filho e a minha filha. É importante a organização entender isso." A flexibilidade passa a ser valorizada. A desigualdade entre homens e mulheres deve ser considerada e enfrentada. A felicidade começa a entrar nesse espaço também, de diversidade, de inclusão, de entendimento das necessidades do outro. Há desigualdades sociais, econômicas e de oportunidades. Logo, é importante que essa pauta envolva o ser humano completo. Faz sentido se preocupar com as pessoas só das oito da manhã às seis da tarde? Claramente, não.

Também é preciso separar ser produtivo de estar ocupado. Boa parte do tempo, as pessoas estão ocupadas, mas não sendo produtivas. Não entenderam — ou não lhes foi permitido entender — que não precisam fingir que estão trabalhando só para marcar presença no escritório, desgastando-se com isso. Melhor fariam se focassem entregar resultados, com comunicação clara e uma atitude de melhoria contínua. É preciso ponderar, porém, que este ainda é um processo novo. Para que ele prospere, precisamos de empreendedores visionários como Marlon, que têm o propósito de proporcionar boas experiências, encantar as pessoas.

Tradicionalmente no mercado imobiliário, quando uma incorporadora vai lançar um projeto, muitos corretores não conectados à empresa participam das vendas. Na AM Fernandes, ele quis fazer diferente. Ter uma equipe própria e exclusiva. Isso permite treinamento direcionado, proximidade, relacionamentos de confiança. Quando entrega um prédio com, digamos, 85 unidades, Marlon gosta de pensar que está fornecendo palcos onde vão se desenrolar 85 histórias de 85 famílias. Algumas pessoas vão morar lá a vida inteira. Assim, o legado que ele espera deixar é de edifícios que melhoram as cidades, repletos de histórias. Que tenham custeado cursos profissionalizantes e mudado as histórias de vida do maior número possível de crianças e adolescentes. Com uma arquitetura inspirada e sem impacto ambiental negativo — a AM Fernandes contrata uma empresa para compensar o carbono emitido nas obras. Seu legado, em última instância, será o de ter construído uma companhia que se preocupa com as pessoas. A mensagem que Marlon transmite é clara: não importa o tamanho da empresa, o que importa é a intenção. E a ação.

PONTOS-CHAVE

- O programa de Felicidade Corporativa não é só para grandes empresas. É possível desenvolvê-lo com uma estrutura menor, mais enxuta.

- O CEO da incorporadora AM Fernandes abriu espaço na companhia para as pessoas falarem de interesses pessoais, temas que dizem muito sobre a essência do indivíduo.

- É preciso separar ser produtivo de estar ocupado — e essa visão da liderança e da cultura da empresa impacta diretamente a felicidade dos indivíduos e a corporativa.

- Não importa o tamanho da empresa, o que importa é a ação.

16
Criando uma cultura positiva

A melhor maneira de prever o futuro é criá-lo.

Peter Drucker

SE RELAÇÕES DE QUALIDADE E CONFIANÇA são o fator crítico para a felicidade no longo prazo, precisamos aprender a trabalhá-las. Considerando que todos nós estamos sempre mudando, logo nossas relações também mudam com frequência. Como podemos, então, nutrir essas relações e investir nelas?

A felicidade está, de fato, nas nossas mãos. Primeiro, você pode usar os dedos de uma mão para se lembrar das cinco formas de conexão, já mencionadas neste livro: comer juntos, beber juntos, aprender juntos, se divertir juntos e sofrer juntos. Pode também pensar que a mão simboliza a felicidade por meio de cada um dos dedos. Os Dedos da Felicidade são: o polegar é intuitivo. Quando você o levanta, que mensagem passa? De positividade, otimismo. O indicador é o dedo da meta, do objetivo, das realizações, das conquistas. É o dedo da direção, do sonho. E o do meio? É o dedo da atitude e da coragem. O anular é o da aliança, o dedo dos relacionamentos. O anel simboliza o compromisso, as relações de qualidade e confiança. E o dedo mindinho é uma lembrança de que é preciso buscar a felicidade nos pequenos detalhes. Nos minimomentos de felicidade: abraçar alguém, tomar uma água gelada, ver o pôr do sol. Aprendi essa forma de usar os dedos com o influenciador Caio Carneiro. Testei o conceito em palestras e percebi que as pessoas gostam muito dele. É fácil de lembrar.

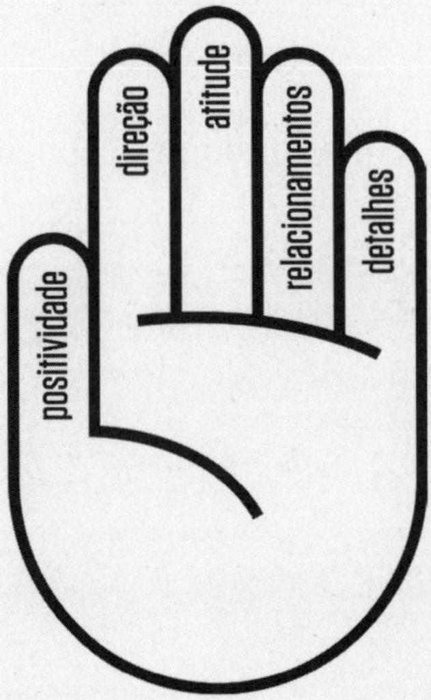

Nutrir nossas relações começa por prestar atenção, interagir com interesse, saber como a outra pessoa está. Esse cuidado com o relacionamento também passa pela gratidão. Reconhecer e expressar gratidão pode melhorar os relacionamentos, nos fazer sentir mais positivos em relação às outras pessoas e nos deixar mais à vontade para nos expressarmos.

Psicólogos têm provado cientificamente que um dos fatores que mais contribuem para a felicidade geral em sua vida é o quão grato você se mostra. Os produtores da série *A ciência da felicidade* leram alguns desses estudos e acharam que poderia ser divertido testá-los na prática. O resultado é um vídeo de sete minutos com 7 milhões de visualizações no YouTube.[1]

Intitulado *An Experiment in Gratitude* [Um experimento sobre gratidão], o curta reuniu uma seleção de voluntários para atuar como "cobaias". Primeiro, eles receberam uma tarefa cujo objetivo era determinar seu nível de felicidade naquele momento. Pediram-lhes que fechassem os olhos e pensassem em alguém muito influente em sua vida. Depois, que escrevessem tudo quanto podiam sobre o porquê de essa pessoa ser tão importante. E, então, que ligassem para ela e lessem o que haviam escrito. Os telefonemas que puderam ser feitos foram filmados, e as cenas são tocantes.

Para participantes que dedicaram tempo a realmente escrever, mas não fizeram a ligação por alguma razão, o nível de felicidade aumentou entre 2% e 4% em relação à medição inicial. Para os que realizaram o telefonema e expressaram pessoalmente a sua gratidão, foi registrado um incremento de 4% e 19%. A pessoa que experimentou o maior salto em felicidade era a menos feliz no início do teste. O que isso significa? Que se você está passando por um período particularmente difícil, tentar essa prática provavelmente vai ter um impacto maior em você.

Levando a gratidão para o ambiente de trabalho

A gratidão é, simultaneamente, uma emoção e um sentimento; consciência racional e comportamento. É, portanto, um investimento de energia no reconhecimento daquilo que merece ser valorizado, seja em nossa vida pessoal, seja no trabalho. A gratidão nos ajuda a criar uma cultura em que as pessoas se sintam engajadas e conectadas umas com as outras.

Existe boa ciência por trás dessa prática. Em um artigo no *Journal of Social & Clinical Psychology*, Robert Emmons e Cheryl Crumpler descrevem a gratidão como "uma resposta emocional a um presente. É aquilo que se sente após ter sido o beneficiário de um ato altruísta".[2] No livro *Thanks!: How the New Science of Gratitude Can Make You Happier* (*Obrigado!: Como a nova ciência da gratidão pode fazê-lo mais feliz*), Emmons resume essa resposta emocional em dois estágios: "Primeiro, gratidão é o reconhecimento da bondade na vida de uma pessoa. Segundo, é reconhecer que as fontes dessa bondade estão pelo menos parcialmente fora de si. O objeto da gratidão é direcionado a outros".

Francis Flynn, professor de comportamento organizacional em Stanford, sugere que quando ajudantes recebem agradecimentos por seus esforços a sensação resultante de serem socialmente valorizados é fundamental para os encorajar a oferecer mais ajuda no futuro. "Muitas vezes, indivíduos deixam de ajudar porque não têm certeza de que os beneficiários apreciarão sua assistência. Expressões de gratidão podem significar que um beneficiário valoriza, requer e aceita a assistência", explicou Flynn em um artigo.[3] Intuitivamente, sabemos que isso é verdade.

"O que não estava tão claro é exatamente como as expressões de gratidão dos beneficiários afetam os ajudantes e motivam outros atos de generosidade", observa. Esse mecanismo se tornou mais compreensível graças a um estudo publicado em 2012 no *Journal of Personality and Social Psychology*. Nele, os pesquisadores Adam Grant e Francesca Gino criaram quatro experimentos para analisar como os sentimentos de competência pessoal e as percepções de ser valorizado resultantes do agradecimento influenciam essa dinâmica.

O Experimento 1 envolveu participantes que deveriam editar a carta de apresentação de candidatura de emprego de um aluno e recebiam uma mensagem de e-mail ou neutra ou de agradecimento do aluno e, em seguida, decidiam se ajudariam aquele indivíduo em outra carta. O Experimento 2 examinou se os participantes ajudariam um beneficiário diferente depois de terem recebido um agradecimento por ajudarem o primeiro aluno. O Experimento 3 analisou como a gratidão expressa por um diretor para doações anuais recebidas influenciou outros comportamentos na arrecadação de fundos para uma universidade. O Experimento 4, por fim, voltou à tarefa de assistência à carta de apresentação, mas a mensagem de gratidão foi entregue em uma interação presencial.

Todos os quatro experimentos mostraram que os participantes que receberam agradecimentos tornaram-se muito mais dispostos a ir além e ajudar com uma segunda carta de apresentação quando solicitados ou a fazer mais ligações para arrecadação de fundos sem serem solicitados.

Nos dois primeiros experimentos, uma mera expressão de agradecimento mais do que duplicou a probabilidade de os ajudantes voltarem a prestar assistência (de 25% para 55% e de 32% para 66%, respectivamente). No terceiro experimento, a gratidão produziu um aumento de mais de 50% no número de ligações que o arrecadador de fundos médio fez em uma única semana. No quarto experimento, uma única expressão de gratidão levou a um aumento de 15% no tempo médio gasto ajudando com uma segunda carta de apresentação. Para Francis Flynn, o grande diferencial desse estudo é que ele revelou o fator causal que motiva o comportamento de doação. Nos quatro casos, os experimentos revelaram que foi o fato de se sentir socialmente valorizado, em vez de se sentir mais competente na tarefa, que inspirou um comportamento mais pró-social.

Embora as expressões de gratidão tenham aumentado o sentimento de autoeficácia das pessoas, apenas o valor social explicou os efeitos no altruísmo e na motivação subsequentes.

Em busca de uma cultura mais positiva em sua organização?

Eric Mosley e Derek Irvine, respectivamente CEO e vice-presidente da consultoria Globoforce, são autores do livro *The Power of Thanks* [O poder do agradecimento], no qual destacam a importância da cultura do reconhecimento. A Globoforce é uma multinacional que apoia práticas de reconhecimento social e tem a gratidão como ingrediente secreto para a construção de uma grande cultura. A cultura do reconhecimento é fundamentada em hábitos, crenças e valores que orientam as ações e os resultados da organização. De acordo com os autores, sem essa atitude, não há como mudar ou conquistar o engajamento dos empregados com a visão, a missão e os valores da empresa.

Portanto, se você:

- Quer um trabalho de equipe mais eficiente?
  Premie o bom desempenho em grupo;

- Necessita de mais inovação?
  Comemore e recompense todos os que conseguem inovar;

- Deseja que os empregados façam um esforço adicional com um engajamento incrível?
  Reconheça isso e agradeça-lhes continuamente;

- Acredita que é importante evidenciar sempre os valores da empresa? *Seja sensível à demonstração e exiba sua satisfação com esse comportamento.*

Para ir mais a fundo no quesito, um post do blog "Call Daniel!" lista quatro impactos da prática da gratidão no trabalho.[4] Vejamos como eles podem nos inspirar.

1. MELHORIA DOS RELACIONAMENTOS

Os relacionamentos são os grandes favorecidos pela prática da gratidão. De acordo com um artigo publicado na revista científica canadense *International Business Research*, uma atitude coletiva de gratidão muda o ambiente de trabalho.[5] Ela é capaz de realizar uma eliminação gradual das emoções tóxicas do local, além de aumentar o comprometimento e diminuir a taxa de rotatividade. No artigo, os autores propõem que o desempenho contextual, o aprendizado em equipe e as conexões de alta qualidade são todos aprimorados pelo cultivo da gratidão coletiva.

2. AUMENTO DA PRODUTIVIDADE

Quando a gratidão no trabalho é praticada, ocorre um reforço na paciência e no autocontrole, de acordo com David DeSteno, professor de psicologia da Northeastern University, especializado em psicologia social.[6] Isso é determinante para garantir mais foco e uma execução mais precisa de tarefas. Como resultado, há menos erros e, portanto, maior produtividade.

Alguns estudos da Globoforce também ligaram a prática da gratidão a indicadores como aumento de lealdade, segurança, diminuição do absenteísmo e ampliação da produtividade.

3. OTIMIZAÇÃO DO DESEMPENHO

Mais do que apenas aumentar a produtividade, a gratidão no trabalho é determinante para melhorar o desempenho de uma maneira mais ampla. Como favorece os relacionamentos, essa prática aprimora a atuação em equipe e pode levar à construção de soluções mais efetivas.

Outro ponto importante é que ser grato ajuda a restaurar padrões psicológicos, segundo uma pesquisa da Universidade da Califórnia.[7] Isso leva a um sono melhor, o que gera disposição, atenção e desempenho. Para chegar a essa conclusão, o efeito de uma perspectiva de gratidão no bem-estar psicológico e físico foi examinado em três estudos diferentes. Nos dois primeiros, os participantes foram aleatoriamente designados para uma de três condições experimentais: aborrecimentos, listas de gratidão e eventos de vida neutros.

Eles então mantiveram registros semanais (Estudo 1) ou diários (Estudo 2) de seu humor, de comportamentos em relação à saúde, sintomas físicos e avaliações gerais da vida. Num terceiro estudo, pessoas com doença neuromuscular foram aleatoriamente designadas para lidar com a "condição de gratidão" ou com uma "condição de controle". Os grupos com perspectiva de gratidão exibiram maior bem-estar em várias, embora não todas, as medidas de resultados dos três estudos em relação aos grupos de comparação. O efeito sobre o afeto positivo parece ser a descoberta mais robusta. Os resultados sugerem que um foco consciente na gratidão pode trazer benefícios emocionais e interpessoais.

4. FORTALECIMENTO DA SATISFAÇÃO

Uma pesquisa revela que a prática da gratidão aumenta o otimismo e a positividade. Isso permite lançar um olhar favorável sobre o emprego, o que favorece a satisfação. Além de tudo, há uma melhora no senso de comunidade, o que gera um clima organizacional adequado. Inclusive, quem se mostrou grato era mais satisfeito, o que indica a ligação entre esses aspectos.

Reflita:

Que ação você pode realizar pessoalmente para acessar seu próprio circuito de gratidão?

Como você pode apoiar seus colegas de trabalho nisso?

O que sua empresa pode iniciar hoje a fim de criar oportunidades para promover a gratidão?

Registre seus insights.

Há um falso dilema no caminho da felicidade corporativa: a perspectiva equivocada de que ou eu performo, ou sou feliz. No contexto da ciência da felicidade, as pesquisas começam a provar que o contrário é verdadeiro.

Ao longo de quinze anos trabalhando com o assunto, com milhares de pessoas respondendo às nossas pesquisas, descobri que, como regra, os profissionais têm poucas relações de qualidade e confiança durante o expediente. É preciso mudar essa situação. Temos de desenvolver urgentemente melhores relacionamentos e aplicar conceitos da ciência da felicidade para ajudar as novas lideranças e as novas organizações a alcançar um novo patamar de vida e de trabalho. E sem precisar escolher entre viver ou trabalhar.

PONTOS-CHAVE

- Nutrir nossas relações começa por prestar atenção, interagir com interesse, saber como a outra pessoa está. Reconhecer e expressar gratidão pode melhorar relacionamentos.

- Psicólogos têm provado cientificamente que um dos fatores que mais contribuem para a felicidade geral em sua vida é o nível de gratidão que você mostra.

- Gratidão é, simultaneamente, uma emoção e um sentimento; consciência racional e comportamento. É, portanto, um investimento de energia no reconhecimento daquilo que merece ser valorizado, seja em nossa vida pessoal, seja no trabalho.

- Francis Flynn, professor de comportamento organizacional de Stanford, sugere que, quando ajudantes são agradecidos por seus esforços, a sensação resultante de serem socialmente valorizados é fundamental para encorajá-los a oferecer mais ajuda no futuro.

- Os relacionamentos são os grandes favorecidos pela prática da gratidão. Uma atitude coletiva de gratidão muda o ambiente de trabalho.

- Quando a gratidão no trabalho é praticada, ocorre um reforço na paciência e no autocontrole. Alguns estudos também ligam a gratidão a indicadores como aumento de lealdade, segurança, diminuição do absenteísmo e ampliação da produtividade.

- Mais do que apenas aumentar a produtividade, a gratidão no trabalho é determinante para melhorar o desempenho de uma maneira mais ampla. Como favorece os relacionamentos, essa prática aprimora a atuação em equipe.

- Há um falso dilema no caminho da felicidade corporativa: a perspectiva equivocada de que ou eu performo, ou sou feliz. No contexto da ciência da felicidade, as pesquisas começam a provar que o que se dá é exatamente o contrário.

17
Conclusão
Cartas de agradecimento

A gratidão é o caminho mais curto para a felicidade.

David Steindl-Rast

COMECEI ESTE LIVRO CONTANDO que passei por três situações de quase morte. Meu pai teve câncer, minha mãe teve lúpus e quase morri num assalto. Também compartilho isso com os participantes dos programas de Felicidade Corporativa. O que não havia contado aqui ainda (é algo que só conto perto do fim de cada formação que faço, sempre numa dinâmica de grupo) é que até os 23 anos eu nunca tinha falado "eu te amo" para os meus pais. Não porque eu não sentisse amor por eles, nem porque não me sentisse amado. Mas por um traço da cultura japonesa. Meus pais não falavam assim, meus avós não falavam assim, e eu acabava replicando esse comportamento. Só que, quando quase perdemos as pessoas mais importantes em nossa vida e temos uma segunda chance, surge um senso de urgência. Foi quando percebi que não poderia morrer sem falar para as pessoas que amo o quanto elas são importantes para mim.

Juntei a família na casa dos meus avós, num jantar, e me programei para falar "eu te amo" pela primeira vez. Listei tudo que eles tinham feito por mim. Meus pais, por exemplo, trabalharam em dois lugares diferentes ao mesmo tempo para pagar escola de inglês, futebol, aulas de reforço. Eu sabia o quanto eles haviam se esforçado por mim e por minhas irmãs. Naquele jantar contei isso para eles. Agradeci. E no fim, disse: "Eu amo vocês". Era a primeira vez na vida que eu dizia "eu te amo". Aquilo gerou uma comoção, uma choradeira. Minha mãe estava emocionada, nunca tinha ouvido aquilo. Ela me disse: "Vini, você, ainda muito jovem, teve a coragem de fazer algo que eu nunca fiz na minha vida. Nunca falei isso para os seus avós. Mas, como você fez isso agora, vou fazer também". E começou a contar tudo que meus avós fizeram por ela. No fim, ela disse "eu te amo" pela primeira vez para eles. Vi a cena ao vivo.

Até então, achava que eu é que era a pessoa que nunca tinha dito "eu te amo". Que eu tinha um problema. Mas não. Muitas pessoas têm esse sentimento e nunca falam. Naquele dia, surgiu uma dinâmica que realizo em toda formação, que são as cartas de agradecimento.

Quem são as três pessoas mais importantes da sua vida?

Escreva uma carta de agradecimento para cada uma delas, com três partes.

Primeira etapa: comece a carta dizendo "Você é uma das três pessoas mais importantes da minha vida". Descreva a pessoa, elogiando-a.

Segunda etapa: compartilhe as histórias e memórias afetivas que explicam por que essa é uma das três pessoas mais importantes da sua vida. Vocês certamente viveram momentos únicos juntos. Quando você estava para baixo, ela confiou em você? Quando você conquistou o seu primeiro emprego, ela vibrou com você? Quando você estava perdido, ela te resgatou? Você pode compilar essas memórias, organizar esses momentos únicos, como um álbum de fotos.

Terceira etapa: agradeça. E, se você se sentir à vontade, diga "eu te amo".

O impacto dessa dinâmica é enorme. Muita gente percebe que nunca agradeceu às pessoas mais importantes de suas vidas. Como o objetivo é gerar relações de qualidade e confiança, a gente faz com que as pessoas que se sentirem confortáveis leiam as cartas que escreveram. Como se estivessem lendo de fato para quem agradeceram.

Lembro da carta de agradecimento de um participante de uma formação que dei chamado Fernando Barbosa. De família humilde, ele contou que, quando saía para estudar, sua mãe lhe dizia, da janela: "Fernando, você é o futuro do Brasil". Aquilo, Fernando diz na carta, lhe dava força para correr atrás. E ele correu. Fez mestrado nos Estados Unidos, onde hoje trabalha, depois da carreira que fez no Itaú BBA. O estudo alavancou sua vida.

Uma colaboradora da Chilli Beans perdeu um filho. E escreveu uma carta para ele. Essa dinâmica é, também, uma oportunidade para se conversar com uma pessoa querida que você perdeu. Para dizer tudo o que você queria dizer. Isso sempre nos marca profundamente. Assim como a experiência de ouvir agradecimentos a mães, pais, esposas, maridos e outras pessoas queridas.

Milhares de pessoas já escreveram essas cartas, em todas essas jornadas, em todos esses anos. Ouvi-las sendo lidas é um presente. Um lembrete de que há coisas que precisamos fazer antes de morrer — e agradecer às pessoas mais importantes da sua vida é uma delas. Com a intenção de se tornar um ser humano melhor. Por que economizar elogios? Preste atenção nas pessoas e as elogie. Fale, ajude, reconheça. Se estou falhando no mais íntimo e deixo de agradecer às pessoas que mais amo, imagine no trabalho, com um colega, com alguém do meu time?

Esta é a lógica que procuro demonstrar. Lembrando que, para quem a recebe, a carta de agradecimento é um presente inesquecível, que estimula a fazer o mesmo para as pessoas mais importantes da sua vida, numa multiplicação com efeito exponencial, que vai além do trabalho.

"Você salvou o meu casamento"

O CEO de uma das empresas cuja jornada de felicidade corporativa foi contada neste livro participou da dinâmica das cartas de agradecimento numa sexta-feira. Escreveu suas cartas, colocou-as na mochila e foi embora para casa. No domingo de manhã, por volta das dez horas, me ligou. Achei que tinha errado a chamada, mas ele insistiu. Quando atendi, ele disse: "Vini, você salvou meu casamento. Hoje cedo, minha esposa me acordou chorando. Disse que eu não a amava mais. Não lhe dava valor". Ele disse que ela estava enganada, que a amava tanto quanto sempre. Mas ela não acreditava. No meio da discussão, ele se lembrou da dinâmica.

"Espera um minuto", disse. Foi até a sala, pegou a carta na mochila e entregou a ela. Ao ler o agradecimento — e ser lembrada de que é uma das três pessoas mais importantes da vida do marido —, ela desabou. Tirou todas as armaduras e admitiu estar insegura. O CEO, por sua vez, entendeu que não estava demonstrando seu amor como deveria. Aquilo, porém, era a prova inquestionável do quanto a amava e do quanto ela era importante para ele.

Há muitas histórias tocantes como essas e que são reveladas pelas cartas de agradecimento. Lembro de uma ocasião em que fui fazer uma palestra sobre felicidade no LinkedIn para o Instituto Semear, uma ONG. Uma das dinâmicas que quis fazer foi esta. Uma vez escritas as cartas, perguntei se os participantes queriam adicionar um nível a mais de profundidade.

Quiseram. Então, propus que voluntários telefonassem para os destinatários das cartas e lessem os agradecimentos ao vivo, de modo que pudéssemos ouvir a reação deles. A experiência de um jovem colaborador me marcou muito. Depois de nos assegurarmos de que ele se sentia confortável em fazer a ligação, para contar a seu pai algo que nunca havia revelado, nós o ouvimos telefonar. O rapaz começou agradecendo e enumerando tudo o que o pai fizera por ele. Até que chegou ao ponto em que escrevera: "Pai, eu queria te contar que sou gay, e nunca te falei isso porque tinha vergonha. Tinha medo de que você me julgasse. E eu te amo". Ao vivo, com todo mundo ouvindo. O pai dele, do outro lado da linha, começou a chorar e disse: "Filho, eu sempre soube, e que bom que você decidiu me contar. Te amo".

Num evento do YPO (Young Presidents Organization), com dez CEOs, vi o presidente de uma empresa gigantesca escrever uma carta de agradecimento para a irmã, chorando muito. Ele perdera os pais muito cedo. A irmã fora sua grande parceira, mas ele nunca havia lhe dito o quanto ela fora importante na trajetória dele. E eu nunca imaginara que poderia acessar emoções tão profundas de um executivo como ele. Mas claro que se pode, porque ele é gente como a gente. E talvez a pessoa que se tornou CEO tenha um trauma tão grande que sente que precisa se provar. Passou por uma experiência tão marcante que as outras coisas se tornam pequenas.

Em outra história, o pai de um participante de uma formação tinha o sonho de ser piloto de corrida. Como não realizou o sonho, o pai começou a colocar o filho para disputar provas de kart desde a infância. Era uma família de classe média, nem rica, nem pobre. Porém, era difícil bancar um hobby tão caro. Ele chegou a disputar campeonatos nacionais. Foi campeão brasileiro, derrotando uma vez Felipe Massa, mas não teve capital para dar continuidade à carreira. Seu pai, porém, morreu num acidente de carro. Quando esse profissional escreveu uma carta de agradecimento ao pai, ele disse: "Quando perdemos as pessoas importantes, conseguimos colocar os problemas do tamanho que eles têm". Muita gente pega um problema pequeno e o torna grande. Quando passa por um problema realmente grande, você aprende a colocar todo o resto em perspectiva. Passa a ter um referencial. Foi um aprendizado para mim.

Brinde aos noventa anos

Outra dinâmica que pratico se chama Brinde aos noventa anos.

> *Se você tivesse de fazer um discurso na sua festa de noventa anos, contando todas as suas alegrias, conquistas, aprendizados, como seria o seu brinde?*

As pessoas escrevem discursos lindos. Lembro de uma vez em que apliquei essa dinâmica na Suzano. Dias depois, uma jovem colaboradora me contou que, em um jantar de sua família, fez seu brinde e seu discurso. O pessoal adorou. Seus familiares gostaram tanto da experiência que resolveram também fazer seus discursos. Um dos irmãos foi além e levou a prática para seus amigos. Isso gerou uma conexão enorme entre todos.

Uma das coisas que se constata, ao imaginar como seria nossa festa de noventa anos, é que muita gente que amamos hoje, a quem gostaríamos de contar tudo o que aconteceu de mais precioso em nossa vida, não estará lá, não poderá ouvir. Então, quando você faz hoje o brinde ao seu nonagésimo aniversário, cria uma oportunidade de contar tudo a essas pessoas queridas. Vejo esse efeito bola de neve acontecendo em várias dinâmicas. O poder do movimento da felicidade corporativa de trazer ferramentas e conceitos gera uma corrente do bem e um grande legado para indivíduos, líderes e organizações. Quando você tiver noventa anos e olhar para trás, do que sentirá orgulho na sua carreira? Qual trajetória profissional gostaria de contar a seus filhos e netos? Se você impacta positivamente a pessoa no trabalho, ela vai impactar a família, e o impulso inicial vai se desdobrando.

Comecei este livro perguntando qual era a empresa referência em felicidade e performance e narrei cases daquelas que estão criando seus próprios movimentos, de indivíduos que estão movendo as roldanas da felicidade no mundo corporativo, promovendo ambientes mais saudáveis e — por que não — felizes.

No meu Brinde aos noventa anos, com certeza, grande parte do que relatei por aqui estará no meu discurso, mas se eu pudesse sonhar e almejar que um dia 1 milhão de embaixadores foram formados, e que, ao ler este livro, você teve um insight, virou uma chave e decidiu levantar a bandeira da Felicidade Corporativa, aí sim eu estaria completamente feliz. Portanto, gostaria de terminar este livro te fazendo um convite:

Você aceita ser um(a) embaixador(a) da felicidade corporativa?

AGRADECIMENTOS

NÃO POSSO CONCLUIR ESTE LIVRO sem agradecer a algumas pessoas muito importantes na minha trajetória. A começar pela minha família. Minha mãe, Eliana. Meu pai, Milton. Minha irmã mais velha, Larissa. Minha irmã do meio, Ayra. Eles são a minha base. São tudo pra mim. E é muito da cultura japonesa demonstrar amor pelos atos de serviço, pelo foco na comunidade, pelo cuidado. Minha mãe trabalhou por mais de trinta anos na Sabesp e sempre amou o trabalho; aprendi com ela a paixão pelo trabalho. Meu pai foi empreendedor, teve quatro restaurantes em Campinas, incluindo a Cervejaria Nacional, no Shopping Galeria, que fez sucesso. Chegou a ter uma incorporadora, que construiu três ou quatro prédios, e hoje produz equipamentos em inox para cozinhas de restaurantes. Acho que esse meu lado que arrisca tudo vem dele. Assim como o de olhar tudo pelo ângulo positivo, em vez de ficar reclamando.

Sou o mais novo de seis netos. Meus avós, Cecília e Francisco, são referências importantes na minha vida. Com meu avô, por exemplo, havia uma relação de mentor e mentorado: sr. Miyagi e Daniel-San. Hoje sinto que sou resiliente e atribuo isso a ele, que me ensinou a não fazer as coisas para ganhar confete, a fazer por acreditar que é correto. Então meu jogo sempre foi de longo prazo. Se fosse de curto prazo, eu teria desistido no primeiro "não". A Vinning não deu certo logo nos primeiros anos. Só depois de sete anos é que o negócio começou a vingar. Já minha avó, Cecília, era o amor em pessoa. Quando alguém a encontrava, ela elogiava, chamava para tomar um café, queria agradar, fazia tudo de coração. Era genuína, sempre estava alegre, sempre sorridente, queria fazer o bem. Era nítido que ela tinha o hábito do cuidado.

Por fim, preciso contar que a família da minha tia Nilza, irmã da minha mãe, é como se fosse parte da minha. A gente nunca separou uma da outra. Meus primos, Thais, Leandro e Thiago, são como meus irmãos. A gente morou na mesma casa por um tempo, passou sempre o Natal junto. É uma grande família. E a tia Nilza foi uma grande incentivadora. Sabe aquela pessoa que acredita em você? Era ela. Meu agradecimento de coração também a toda minha família Kitahara.

Ninguém é mais importante nesta história, porém, do que o amor da minha vida, a Carol. Nos conhecemos no primeiro dia de faculdade, no Insper, e ficamos muito amigos antes de nos relacionarmos. Ela teve uma carreira muito bem-sucedida. Vivemos juntos momentos que foram divisores de águas na minha jornada. Dessa união, vieram meus dois maiores presentes: meus filhos, Antonio e Rafael. Meu muito obrigado a toda a família da Carol, em especial Beto, Andrea e Dudu.

Grandes amigos me acompanham ao longo desta jornada e agradeço particularmente a Marcus Vinicius Brasil, Cassiano Borges e Vinícius Tortoza, Marquinhos, Goreti e família — meus amigos de infância e de Santo André. Também agradeço a Ricardo Duarte, a quem conheci no cursinho, com quem estudei na mesma época no Insper e que sempre foi meu conselheiro: de felicidade corporativa a modelos de negócios. E a Maisa, Ju, Bruna e Otávio, também da época do Insper, pelos conselhos.

Já meus passos iniciais como empreendedor, ainda nos tempos da escola de felicidade, só foram possíveis graças a um grupo de alunos e parceiros da Vinning, amigos do COC, e à Família MIT. Na consultoria, comecei com empresas de dono, de menor porte. Depois vieram as médias e grandes. Livia Visnevski, da VNP, me indicou ao Banco BV, cujo case foi contado no capítulo 6. Foi a primeira grande empresa a fazer um trabalho de longo prazo conosco, de 2018 a 2019. A partir daquele momento, novos clientes foram surgindo. Da Zuk Leilões, do meu amigo e empresário André Zukerman, empreendedor visionário, a gigantes como Deloitte e Suzano.

Na Suzano, quem me "descobriu" foi a assistente executiva Patrícia Colucci. Ela me viu no LinkedIn e enviou uma mensagem me parabenizando pelo trabalho. Agradeci e perguntei se ela teria interesse em levar meu portfólio para a Suzano. Ela encaminhou para o diretor de RH, que repassou para a área de Saúde, Segurança e Qualidade de Vida. Fui, então, chamado para uma primeira conversa, onde se discutiria uma palestra, a qual vem se desdobrando desde então e que faz da Suzano um cliente com mais de cinco anos de parceria. Por isso, agradeço à Patrícia.

Na época em que se estabelecia minha parceria com a Suzano, surgiu a oportunidade de trabalhar com a Deloitte, uma das maiores empresas de auditoria do mundo. Falei com Walter Schalka, então CEO da Suzano, numa sexta-feira, e descobri que na semana seguinte ele se encontraria com Altair Rossato, CEO da Deloitte à época. Na conversa entre eles, um falou sobre o tema felicidade corporativa, o outro validou o nosso trabalho, e, com isso, ambos os projetos ganharam corpo. De novo, a sorte. Estar no momento certo, falando sobre o assunto certo.

Em meados de 2021, Altair e eu demos entrevista juntos à jornalista Barbara Bigarelli, quando ela era repórter do *Valor Econômico*. Dois anos depois, ao assumir sua atual posição como editora da Companhia das Letras, ela buscava um autor nacional que escrevesse sobre felicidade corporativa e se lembrou do meu nome. Foi um convite dela que tornou este livro possível. Agradeço pela confiança e pela parceria. Por acreditar neste projeto e neste tema. Na mesma entrevista, estava presente Stela Campos, editora de Carreira do *Valor*, e a quem muito agradeço por estar aberta em diversas ocasiões a falar e escrever sobre felicidade nas empresas.

Deixo aqui um agradecimento mais do que especial a uma pessoa sem a qual este livro não pararia de pé. Foi o jornalista Alexandre Teixeira quem amarrou os pontos e organizou o texto que você acaba de ler. Eu o conheci por indicação do próprio Altair, quando lhe falei do meu desejo de escrever um livro sobre felicidade corporativa. "Tenho a pessoa ideal para te ajudar", disse ele. O Alexandre é autor de *Felicidade*

S.A., livro que eu já havia lido e tinha como uma referência. Começamos a conversar em agosto de 2022. O projeto foi evoluindo até que, finalmente, no início de 2024, começamos a trabalhar. Levamos mais de um ano para colocar tudo no papel. Foram incontáveis horas de trabalho, pelas quais agradeço ao Ale de coração.

A essência do movimento da felicidade corporativa é você se conectar com as pessoas. O que trago hoje é a somatória da minha experiência de vida e de todas as relações que cultivei ao longo dela. Seria um desperdício ir embora da terra sem compartilhar todas essas histórias de coragem dos executivos e executivas com os quais tive a honra e o privilégio de construir juntos este movimento de felicidade corporativa. Por isso, encerro meu primeiro livro com a frase de Henry David Thoreau: "A felicidade só é real quando compartilhada".

NOTAS

1. TRABALHO E FELICIDADE [pp. 19-32]

1 Fabiana Corrêa, "Empresas investem em felicidade corporativa para reduzir turnover", *Forbes*, 23 set. 2022.

2 Ed Diener, Laura King e Sonja Lyubomirsky, "The Benefits of Frequent Positive Affect: Does Happiness Lead to Success?". *Psychological Bulletin*, v. 131, n. 6, pp. 803-55, 2005. Disponível em: <https://www.apa.org/pubs/journals/releases/bul-1316803.pdf>. Acesso em: 17 maio 2025.

3 Sean Achor, "How to Be Happy — The Happiness Advantage", YouTube, 29 nov. 2016.

4 "7 Ways to Be Happier, According to Yale Professor of Well-Being", 3 jan. 2020. Disponível em: <https://www.youtube.com/watch?app=desktop&v=e9UVAafNvm4&t=124s>. Acesso em: 17 maio 2025.

5 Curso "A ciência do bem-estar", Yale University. Disponível em: <https://www.coursera.org/learn/the-science-of-well-being>. Acesso em: 17 maio 2025.

6 Alaa Elassar, "Two Years into the Pandemic, Yale's 'Happiness' Course Is More Popular than Ever", CNN, 23 jan. 2022.

7 "Seven Ways to Lifelong Happiness, Inspired by Carl Jung." Disponível em: <https://www.instagram.com/p/C5yiEfLukVh/?igsh=ZzZkYWN2bmpwZnk3>. Acesso em: 17 maio 2025.

8 Marc Schulz e Robert Waldinger, *The Good Life: Lessons from the World's Longest Scientific Study of Happiness*, "Capítulo 1: "What Makes a Good Life?", Nova York: Simon & Schuster, 2023.

9 Robert Waldinger, "What Makes a Good Life? Lessons from the Longest Study on Happiness", TED, nov. 2015. Disponível em: <https://www.youtube.com/watch?v=8KkKuTCFvzI>. Acesso em: 17 maio 2025.

2. EMPREENDENDO A FELICIDADE CORPORATIVA [pp. 33-47]

1 Depoimento de Fernando Carneiro ao curso de Felicidade Corporativa da Fundação Dom Cabral.

2 Depoimento ao curso de Felicidade Corporativa da Fundação Dom Cabral.

3 "Projeto de Lei nº 4358, de 2023." Disponível em: <https://www25.senado.leg.br/web/atividade/materias/-/materia/160577>. Acesso em: 17 maio 2025.

4 "Lei cria certificação para empresa que promove saúde mental", *Agência Senado*, 1º abr. 2024. Disponível em: <https://www12.senado.leg.br/noticias/materias/2024/04/01/lei-cria-certificacao-para-empresa-que-promove-saude-mental>. Acesso em: 17 maio 2025.

5 "Governo Federal atualiza NR-01 para incluir riscos psicossociais e reconstitui Comissão do Benzeno", Ministério do Trabalho e Emprego, 1º ago. 2024. Disponível em: <https://www.gov.br/trabalho-e-emprego/pt-br/noticias-e-conteudo/2024/Setembro/governo-federal-atualiza-nr-01-para-incluir-riscos-psicossociais-e-reconstitui-comissao-do-benzeno>. Acesso em: 17 maio 2025.

6 Taianne Rodrigues, "NR-1: saúde mental fará parte dos relatórios de risco ocupacional das empresas", *Ciesp News*, 11 set. 2024. Disponível em: <https://www.ciesp.com.br/noticias/rn-1-saude-mental-fara-parte-dos-relatorios-de-risco-ocupacional-das-empresas>. Acesso em: 17 maio 2025.

3. A DIRETORIA DA FELICIDADE [pp. 48-60]

1 Layane Serrano, "Como manter o espírito inovador sendo enorme, segundo o CEO da Heineken", *Exame*, 14 nov. 2024. Disponível em: <https://exame.com/carreira/como-manter-o-espirito-inovador-sendo-enorme-segundo-o-ceo-da-heineken/>. Acesso em: 17 maio 2025.

4. O PODER DOS BONS RELACIONAMENTOS [pp. 65-73]

1 Robert Waldinger, "What Makes a Good Life? Lessons from the Longest Study on Happiness", TED, nov. 2015. Disponível em: <https://www.youtube.com/watch?v=8KkKuTCFvzI>. Acesso em: 17 maio 2025.

2 John Elkington, "25 Years Ago I Coined the Phrase 'Triple Bottom Line'. Here's Why It's Time to Rethink It", 25 jun. 2018. Disponível em: <https://hbr.org/2018/06/25-years-ago-i-coined-the-phrase-triple-bottom-line-heres-why-im-giving-up-on-it>. Acesso em: 17 maio 2025.

3 "ESG: Entenda o significado da sigla ESG (Ambiental, Social e Governança) e saiba como inserir esses princípios no dia a dia de sua empresa", Pacto Global. Disponível em: <https://www.pactoglobal.org.br/esg/>. Acesso em: 17 maio 2025.

4 Shawn Acho, "The Happiness Dividend", *Harvard Business Review*, 23 jun. 2011. Disponível em: <https://hbr.org/2011/06/the-happiness-dividend>. Acesso em: 17 maio 2025.

5 Gerdau, "Empresas buscam inspiração no País mais feliz do mundo sobre felicidade e bem-estar no trabalho", *Valor Econômico*, 22 set. 2023. Disponível em: <https://valor.globo.com/conteudo-de-marca/gerdau/artigo/empresas-buscam-inspiracao-no-pais-mais-feliz-do-mundo-sobre-felicidade-e-bem-estar-no-trabalho.ghtml>. Acesso em: 17 maio 2025.

6 Idem.

7 "Por que a felicidade corporativa é tão importante no momento atual?". *Metrópoles*, 17 jun. 2024. Disponível em: <https://www.metropoles.com/conteudo-especial/por-que-a-felicidade-corporativa-e-tao-importante-no-momento-atual>. Acesso em: 17 maio 2025.

8 Gerdau, "Empresas buscam inspiração no País mais feliz do mundo sobre felicidade e bem-estar no trabalho", *Valor Econômico*, 22 set. 2023. Disponível em: <https://valor.globo.com/conteudo-de-marca/gerdau/artigo/empresas-buscam-inspiracao-no-pais-mais-feliz-do-mundo-sobre-felicidade-e-bem-estar-no-trabalho.ghtml>. Acesso em: 17 maio 2025.

9 Idem.

10 Anita Little, "New Research: Work Wellbeing Is Good for People — And Profits", 17 maio 2023. Disponível em: <https://www.indeed.com/lead/new-research-work-wellbeing-is-good-for-people-and-profits>. Acesso em: 17 maio 2025.

11 Marta Cavallini, "Motivação no trabalho: 89% das empresas reconhecem que bons resultados estão ligados à felicidade dos colaboradores, diz pesquisa", 20 mar. 2023. Disponível em: <https://g1.globo.com/trabalho-e-carreira/noticia/2023/03/20/motivacao-no-trabalho-89percent-das-empresas-reconhecem-que-bons-resultados-estao-ligados-a-felicidade-dos-colaboradores-diz-pesquisa.ghtml>. Acesso em: 17 maio 2025.

12 Stephanie Zubiri, "Os quatro pilares da felicidade, na visão de mestre espiritual do Butão", BBC News Brasil, 31 out. 2021. Disponível em: <https://www.bbc.com/portuguese/vert-tra-59023322>. Acesso em: 17 maio 2025.

13 "Panorama do Bem-Estar Corporativo 2025." Disponível em: <https://wellhub.com/pt-br/recursos/pesquisa/panorama-do-bem-estar-corporativo-2025/>. Acesso em: 17 maio 2025.

14 Brian Hancock e Bill Schaninger, "HR Says Talent Is Crucial for Performance — and the Pandemic Proves It". Disponível em: <https://www.mckinsey.com.br/business-functions/organization/our-insights/hr-says-talent-is-crucial-for-performance-and-the-pandemic-proves-it>. Acesso em: 17 maio 2025.

15 Asmus Komm, Florian Pollner, Bill Schaninger e Shurbhi Sikka, "O novo possível: como o RH pode ajudar a construir a organização do futuro". Disponível em: <https://www.mckinsey.com.br/capabilities/people-and-organizational-performance/our-insights/

the-new-possible-how-hr-can-help-build-the-organization-of-the-future>. Acesso em: 17 maio 2025.

16 "Future of Jobs Report 2023." Disponível em: <https://www3.weforum.org/docs/WEF_Future_of_Jobs_2023.pdf>. Acesso em: 17 maio 2025.

6. LIDERANÇA HUMANIZADA [pp. 82-92]

1 Jennifer Cohen, "Surrounding Yourself with the Right People Changes Everything." *Forbes*, 21 maio 2019. Disponível em: <https://www.forbes.com/sites/jennifercohen/2018/12/04/surrounding-yourself-with-the-right-people-changes-everything/>. Acesso em: 17 maio 2025.

2 Depoimento ao curso de Felicidade Corporativa da Fundação Dom Cabral.

7. COLOCANDO A FELICIDADE EM PRÁTICA [pp. 98-115]

1 Bruno Pavan, "72% dos brasileiros estão estressados no trabalho, revela pesquisa". *IstoÉ Dinheiro*, 10 set. 2023. Disponível em: <https://istoedinheiro.com.br/72-dos-brasileiros-estao-estressados-no-trabalho-revela-pesquisa>. Acesso em: 17 maio 2025.

2 Rone Carvalho, "O Brasil enfrenta uma epidemia de 'burnout'?". BBC News Brasil, 14 ago. 2024. Disponível em: <https://www.bbc.com/portuguese/articles/cnk4p78q03vo>. Acesso em: 17 maio 2025.

3 Marta Cavallini, "Síndrome de burnout é reconhecida como doença ocupacional; veja o que muda para o trabalhador", 11 jan. 2022. Disponível em: <https://g1.globo.com/economia/concursos-e-emprego/noticia/2022/01/11/sindrome-de-burnout-e-reconhecida-como-doenca-ocupacional-veja-o-que-muda-para-o-trabalhador.ghtml>. Acesso em: 17 maio 2025.

4 "Mental Health and Covid-19: Early Evidence of the Pandemic's Impact: Scientific Brief, 2 March 2022." Disponível em: <https://www.who.int/publications/i/item/WHO-2019-nCoV-Sci_Brief-Mental_health-2022.1>. Acesso em: 17 maio 2025.

5 "Pandemia de covid-19 desencadeia aumento de 25% na prevalência de ansiedade e depressão em todo o mundo." Disponível em: <https://www.paho.org/pt/noticias/2-3-2022-pandemia-covid-19-desencadeia-aumento-25-na-prevalencia-ansiedade-e-depressao-em>. Acesso em: 17 maio 2025.

6 "Panorama do Bem-Estar Corporativo 2025." Disponível em: <https://wellhub.com/pt-br/recursos/pesquisa/panorama-do-bem-estar-corporativo-2025/>. Acesso em: 17 maio 2025.

7 "Ranking Cielo-SBVC — 10ª edição — 2024." Disponível em: <https://sbvc.com.br/wp-content/uploads/2024/08/Ranking-2024-CIELO-SBVC-10-anos-digital.pdf>. Acesso em: 17 maio 2025.

8 Depoimento ao curso de Felicidade Corporativa da Fundação Dom Cabral.

9 José Galló, *O poder do encantamento*. São Paulo: Planeta Estratégia, 2017.

10 Depoimento ao curso de Felicidade Corporativa da Fundação Dom Cabral.

11 "The Mental State of the World in 2023 — A Perspective on Internet-Enabled Populations." Disponível em: <https://sapienlabs.org/wp-content/uploads/2024/03/4th-Annual-Mental-State-of-the-World-Report.pdf>. Acesso em: 17 maio 2025.

12 "The Power of Positive Emotions: It's a Matter of Life or Death - Subjective Well-being and Longevity over 28 Years in a General Population." Disponível em: <https://pubmed.ncbi.nlm.nih.gov/20063931/>. Acesso em: 17 maio 2025.

13 Zach McCann, "Sleep Tracking Brings New Info to Athletes", Espn.com, 1º jun. 2012. Disponível em: <https://www.espn.com/blog/playbook/tech/post/_/id/797/sleep-tracking-brings-new-info-to-athletes>. Acesso em: 17 maio 2025.

14 Emma Sweeney e Ian Walshe, "4 impactos positivos do sono sobre o rendimento físico, segundo a ciência". BBC News Brasil, 5 mar. 2023. Disponível em: <https://www.bbc.com/portuguese/articles/cgljy78pll1o>. Acesso em: 17 maio 2025.

15 Rachel Rabkin Peachman, "Lista Forbes: as 10 Melhores Empresas do Mundo para Trabalhar". *Forbes*, 10 out. 2024. Disponível em: <https://forbes.com.br/carreira/2024/10/lista-forbes-as-10-melhores-empresas-do-mundo-para-trabalhar/>. Acesso em: 17 maio 2025.

16 Barbara Fredrickson, "History of Happiness". *Pursuit of Happiness*. Disponível em: <https://www.pursuit-of-happiness.org/history-of-happiness/barb-fredrickson/>. Acesso em: 17 maio 2025.

17 Claudia Meirelles e Emanuelly Fernandes, "Descubra 8 segredos para alcançar a felicidade, segundo a neurociência". *Metrópoles*, 20 ago. 2023. Disponível em: <https://www.metropoles.com/colunas/claudia-meireles/descubra-8-segredos-para-a-felicidade-segundo-a-neurociencia>. Acesso em: 17 maio 2025.

18 Francesc Miralles, "Como é o cérebro das pessoas felizes?". *El País*, 2 dez. 2021. Disponível em: <https://brasil.elpais.com/eps/2021-12-02/como-e-o-cerebro-das-pessoas-felizes.html>. Acesso em: 17 maio 2025.

9. EMBAIXADORES NO TOPO DA PIRÂMIDE [pp. 130-45]

1 Depoimento ao curso de Felicidade Corporativa da Fundação Dom Cabral.

2 Depoimento ao curso de Felicidade Corporativa da Fundação Dom Cabral.

3 A pirâmide de Maslow é uma teoria que categoriza as necessidades humanas em cinco níveis hierárquicos, de acordo com a sua importância: necessidades fisiológicas, na base da pirâmide, necessidades de segurança, necessidades sociais, autoestima e autorrealização, no topo da pirâmide. A teoria foi publicada no livro *A Theory of Human Motivation* (em tradução livre, Uma teoria da motivação humana). A ideia é que as necessidades de nível mais baixo devem ser satisfeitas antes das de nível mais alto, para que seja possível atingir a autorrealização.

4 Essas reflexões estão no livro *The Earned Life*, de Marshall Goldsmith, lançado em maio de 2022 pela Crown Currency [sem edição em língua portuguesa]. Em entrevista a

Stela Campos (*Valor Econômico*, 4 jun. 2022), Goldsmith disse: "A grande doença ocidental é pensar 'eu serei feliz quando eu tiver dinheiro, status, BMW, um imóvel'. Mas isso não é verdade. A felicidade tem que ser agora e ela existe no momento presente. É um processo constante, não é você chegando a um lugar ou a uma situação".

10. FELICIDADE COM ARROJO [pp. 146-55]

1 "Você é feliz no trabalho?", Podcast CBN Professional, episódio 192, 12 jul. 2021. Disponível em: <https://cbn.globoradio.globo.com/media/audio/346596/192-voce-e-feliz-no-trabalho.htm>. Acesso em: 17 maio 2025.

2 Depoimento ao curso de Felicidade Corporativa da Fundação Dom Cabral.

3 Claire Hastwell, "O que é segurança Psicológica no Trabalho e como os líderes podem construir ambientes seguros". Disponível em: <https://gptw.com.br/conteudo/artigos/o-que-e-seguranca-psicologica-no-trabalho/>. Acesso em: 17 maio 2025.

12. DESPERTANDO EMOÇÕES POSITIVAS [pp. 170-8]

1 "Como a Chilli Beans quer triplicar de tamanho em 5 anos", TM20 Branding. Disponível em: <https://www.tm20.com.br/post/como-a-chilli-beans-quer-triplicar-de-tamanho-em-5-anos#:~:text=As%20apostas%20que%20devem%20dar,correspondeu%20a%2016%25%20do%20total.>. Acesso em: 17 maio 2025.

2 "Caito Maia: qual o patrimônio do fundador da Chilli Beans", Genial Investimentos, 29 maio 2024. Disponível em: < https://blog.genialinvestimentos.com.br/caito-maia/#:~:text=Mas%20ainda%20falta%20saber%20qual,patrim%C3%B4nio%20%C3%A9%20de%20seu%20CEO.>. Acesso em: 17 maio 2025.

3 Disponível em: <https://www.chillimobcruise.com.br/>. Acesso em: 17 maio 2025.

4 Diana Ribeiro, "Hoje, ou você vende commodities, ou você tem uma marca com algo a dizer", afirma Caito Maia, podcast No Lucro #5, da CNN Soft, 5 maio 2022. Disponível em:<https://www.cnnbrasil.com.br/nacional/podcast-no-lucro-5-caito-maia-chilli-beans/?hidemenu=true>. Acesso em: 17 maio 2025.

14. A MANEIRA COMO TRABALHAMOS [pp. 188-96]

1 Michael C. Bush, "This Is What Makes Employees Happy at Work", The Way We Work, TED, dez. 2018. Disponível em: <https://www.youtube.com/watch?v=PYJ22-YYNW8>. Acesso em: 17 maio 2025.

2 Eric Barker, "Be More Successful: New Harvard Research Reveals a Fun Way to Do It". Blog: Barking Up the Wrong Tree. Disponível em: <https://bakadesuyo.com/2014/09/be-more-successful/>. Acesso em: 17 maio 2025.

3 Anna Pione, Martin Lösch, Shaun Callaghan e Warren Teichner, "Sentir-se bem: o futuro do mercado de bem-estar de $ 1,5 trilhão", McKinsey & Company, 17 maio 2021. Dis-

ponível em: <https://www.mckinsey.com/industries/consumer-packaged-goods/our-insights/feeling-good-the-future-of-the-1-5-trillion-wellness-market/pt-BR>. Acesso em: 17 maio 2025.

15. LIÇÕES DE SUSTENTABILIDADE E PROPÓSITO [pp. 197-202]

1 Depoimento ao curso de Felicidade Corporativa da Fundação Dom Cabral.

2 "Mapa de Empresas — Boletim do 2º quadrimestre/2024", 11 out. 2024. Disponível em: <https://www.gov.br/empresas-e-negocios/pt-br/mapa-de-empresas/boletins/mapa-de-empresas-boletim-2o-quadrimestre-2024.pdf>. Acesso em: 17 maio 2025.

3 "Retratos de Família — Um panorama das práticas de governança corporativa e perspectivas das empresas familiares brasileiras." Disponível em: <https://assets.kpmg.com/content/dam/kpmg/br/pdf/2021/02/Retratos-Familia.pdf>. Acesso em: 17 maio 2025.

16. CRIANDO UMA CULTURA POSITIVA [pp. 203-11]

1 "An Experiment in Gratitude | The Science of Happiness", SoulPancake, 11 jul. 2013. Disponível em: < https://www.youtube.com/watch?v=oHv6vTKD6lg>. Acesso em: 17 maio 2025.

2 Cheryl A. Crumpler e Robert A. Emmons, "Gratitude as a Human Strength: Appraising the Evidence", *Journal of Social and Clinical Psychology*, jan. 2011. Disponível em: <https://doi.org/10.1521/jscp.2000.19.1.56>. Acesso em: 17 maio 2025.

3 Francis J. Flynn, "Frank Flynn: Gratitude, the Gift that Keeps on Giving", *Insights by Stanford Business*, 1º mar. 2012. Disponível em: <https://www.gsb.stanford.edu/insights/frank-flynn-gratitude-gift-keeps-giving>. Acesso em: 17 maio 2025.

4 Call Daniel, "Veja 4 impactos da prática da gratidão no seu trabalho!", blog Call Daniel, 19 dez. 2019. Disponível em: < https://blog.calldaniel.com.br/veja-4-impactos-da-pratica-da-gratidao-no-seu-trabalho/>. Acesso em: 17 maio 2025.

5 Ali Ekber Akgün, Büsra Müceldili, Halit Keskin e Oya Erdil, "Collective Gratitude: Positive Organizational Scholarship Perspective", *International Business Research*, v. 8, n. 8, 2015. Disponível em: <https://www.researchgate.net/profile/Halit-Keskin/publication/281612226_Collective_Gratitude_Positive_Organizational_Scholarship_Perspective/links/565d830a08ae1ef92982a029/Collective-Gratitude-Positive-Organizational-Scholarship-Perspective.pdf>. Acesso em: 17 maio 2025.

6 David DeSteno, "Can Gratitude Reduce Costly Impatience?", Northeastern University College of Science, 31 mar. 2014. Disponível em: <https://cos.northeastern.edu/news/can-gratitude-reduce-costly-impatience/>. Acesso em: 17 maio 2025.

7 Robert A Emmons e Michael E. McCullough, "Counting Blessings Versus Burdens: An Experimental Investigation of Gratitude and Subjective Well-being in Daily Life", *PubMed*, fev. 2003. Disponível em: <https://pubmed.ncbi.nlm.nih.gov/12585811/>. Acesso em: 17 maio 2025.

TIPOLOGIA Miller e Akzidenz
DIAGRAMAÇÃO Osmane Garcia Filho
PAPEL Pólen Natural, Suzano S.A.
IMPRESSÃO Gráfica Paym, setembro de 2025